HISTÓRIA GERAL EM DOCUMENTOS

O DESPERTAR DA EUROPA

A Baixa Idade Média

MARCO ANTÔNIO DE OLIVEIRA PAIS

Coordenação
Maria Helena Simões Paes
Marly Rodrigues

14ª EDIÇÃO REFORMULADA

Conforme a nova ortografia

Atual Editora

SARAIVA S.A. Livreiro Editores
Rua Henrique Schaumann, 270 — Pinheiros
05413-010 — São Paulo — SP
Fone: (0xx11) 3611-3268
www.editorasaraiva.com.br

Dados Internacionais de Catalogação na Publicação (CIP)
(Câmara Brasileira do Livro, SP, Brasil)

Pais, Marco Antônio de Oliveira

O despertar da Europa : a baixa idade média / Marco Antônio de Oliveira Pais coordenação Maria Helena Simões Paes, Marly Rodrigues. — 14. ed. – São Paulo: Atual, 2013. — (Coleção História Geral em Documentos)

Inclui roteiro de leitura.
ISBN 978-85-357-1570-5 (aluno)
ISBN 978-85-357-1571-2 (professor)

1. Europa — Civilização 2. Idade média — História (Ensino médio) I. Paes, Maria Helena Simões. II. Rodrigues, Marly.

13-04818 CDD-907

Índices para catálogo sistemático

1. Europa: História : Ensino médio 907
2. História: Ensino médio 907

Série **História Geral em Documentos**

Créditos da nova edição

Gerente editorial: Rogério Carlos Gastaldo de Oliveira
Editora-assistente: Solange Mingorance
Auxiliares editoriais: Flávia Zambon, Amanda Lassak e Laura Vecchioli
Estagiária: Gabriela Damico Zarantonello
Pesquisa iconográfica: Cristina Akisino (coord.); Conexão Editorial
Produção editorial; diagramação; projeto gráfico; preparação e revisão de texto; mapas; ilustrações e capa:
Conexão Editorial
Suplemento de atividades: Janaína Amado e Luiz Carlos Figueiredo
Imagem da capa: Detalhe de *A tomada de Constantinopla em 1204*, de Jacopo Tintoretto, 1518-1594. Óleo sobre tela. Palazzo Ducale, Veneza (Itália).

14ª edição / 1ª tiragem
2013

Visite nosso *site*: www.atualeditora.com.br
Central de atendimento ao professor: 0800-0117875

Impressão e Acabamento: Brasilform Editora e Ind. Gráfica

O DESPERTAR DA EUROPA

A Baixa Idade Média

A Fabiano e Gabriel,
para que possam entender um pouco mais
nossa querida Santiago de Compostela.

Sumário

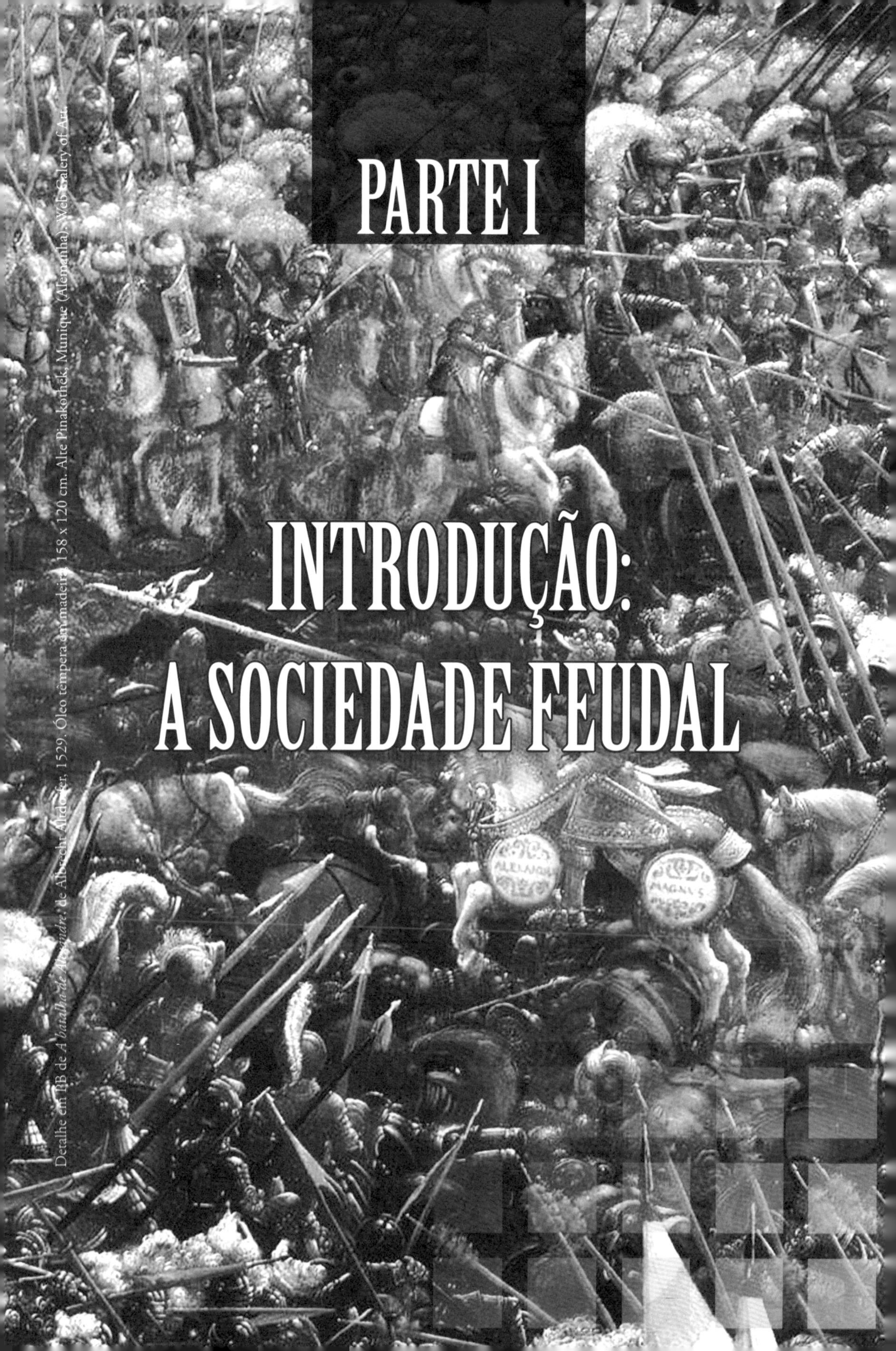

PARTE I

INTRODUÇÃO: A SOCIEDADE FEUDAL

Detalhe em PB de *A batalha de Alexandre*, de Albrecht Altdorfer, 1529. Óleo têmpera em madeira, 158 x 120 cm. Alte Pinakothek, Munique (Alemanha). Web Galery of Art.

Alguns antecedentes: a Alta Idade Média

O período da história da Europa chamado de *Idade Média* teve uma duração aproximada de 1.000 anos, com início no século V e final no século XV. Para estudar melhor uma extensão de tempo tão longa, os historiadores dividem-na em duas épocas, chamando os primeiros cinco séculos de Alta Idade Média e os cinco restantes de Baixa Idade Média.

A Alta Idade Média iniciou-se com a invasão, ocupação e assentamento dos vários povos germânicos (como francos, visigodos, suevos, ostrogodos, lombardos, anglos, saxões) em diversas regiões europeias, o que deu surgimento a vários reinos. Com o desaparecimento das cidades, a maioria da população era composta de camponeses dominados pelos proprietários da terra e vivia em condições de grande pobreza, sofrendo constantes períodos de fome e ataques dos povos inimigos.

A economia agrária produzia poucos excedentes além daqueles necessários para o sustento dos senhores, e, por isso, era muito reduzida a parte da produção destinada ao mercado. A pequena circulação de moedas obrigava os camponeses a utilizarem o sistema de troca de mercadorias para adquirir os produtos de que tinham necessidade. O sustento dos seus senhores dava-se através de formas de trabalho forçado e do pagamento de produtos em espécie, isto é, em trigo, centeio, vinho, bois, galinhas, etc.

A atividade comercial realizada com moedas não desapareceu completamente, mas restringiu-se à compra de alguns artigos de luxo pela aristocracia, como seda, veludo, joias, armas. Nesse contexto pouca importância tiveram as cidades, e muitas delas foram inclusive abandonadas.

O início da servidão

Um fato de extrema importância econômica e social que ocorreu na Alta Idade Média foi a mudança da forma de trabalho. Na Antiguidade ele era realizado pelos escravos, que não eram considerados seres humanos, mas coisas. Não tinham direito à liberdade, não podiam constituir família, eram proibidos de ter a propriedade de qualquer bem e podiam ser comprados e vendidos como qualquer outra mercadoria.

Com o declínio da escravidão, após a queda do Império Romano, o trabalho passou a ser realizado pelo servo. Ele não desfrutava de liberdade de locomoção, pois estava dependente do seu senhor, mas podia casar e manter família, ter a propriedade de alguns bens, como sua choupana, instrumentos de trabalho e utensílios pessoais, e, principalmente, não podia ser afastado da terra em que morava e trabalhava, podendo ainda passar para seus descendentes os bens que possuía.

Tal mudança representou um avanço considerável da sociedade, além de favorecer o aumento da produção, especialmente de alimentos, pois os servos, trabalhando mais, poderiam desfrutar de melhores condições de vida. Este era um incentivo que faltava aos escravos, que não tinham o menor interesse e motivação para trabalhar mais, já que todo o fruto do seu trabalho era tomado pelo seu dono.

Final da Alta Idade Média

A maior realização política da Alta Idade Média foi a criação do Império Carolíngio, assim chamado em homenagem a Carlos Magno, seu mais importante imperador. Ele sonhou em reunificar, sob o domínio dos francos, povo germânico que invadiu a França, todo o território que antigamente fazia parte do Império Romano. Durante os séculos VIII e IX, de fato, conseguiu dominar quase todos os reinos germânicos da Europa. Mas o Império teve uma vida curta, pois não havia condições econômicas, políticas e militares para controlar e governar um território tão extenso.

No século X deu-se a queda do Império Carolíngio, e o golpe final veio com as invasões normandas (*vikings*), muçulmanas e magiares (húngaros). A tentativa mais bem-sucedida, na época, de um governo centralizado e forte não perdurou.

Estava terminada a Alta Idade Média e começava uma nova fase da história da Europa.

A Baixa Idade Média

Nas últimas décadas do século X teve início, portanto, o período cronológico chamado de Baixa Idade Média, do qual trataremos neste livro. Nessa fase da história europeia, a sociedade que se desenvolveu e dominou todo o período é chamada de feudal – sociedade feudal –, nome que deriva da instituição denominada feudo.

Aqueles que desconhecem a história medieval associam a expressão "sociedade feudal" com anarquia política, pois durante esse período não havia uma forte centralização do poder. Uma infinidade de senhores passou a exercer nas suas terras as funções inerentes ao Estado, como elaborar leis, julgar, castigar, cobrar impostos, mobilizar exército.

Essa prática (que pode parecer absurda) foi a resposta encontrada pela sociedade da época para a ausência de um governo central e satisfez perfeitamente às necessidades impostas pela realidade.

Costuma-se também criticar a sociedade feudal pela ausência de liberdade da população, mas aqui outra questão se coloca. Durante esse período a noção de liberdade, tal qual entendemos e vivemos hoje, não se colocava para o homem medieval. Desde que fosse membro de uma comunidade (aldeia, vila, cidade), de uma família, paróquia, corporação, ele desfrutava da solidariedade e do apoio dos seus membros, e isso era o mais importante. Na sociedade feudal não havia espaço para o indivíduo independente e sozinho, em todos os níveis sociais.

Como nessa época não havia o Estado com seu território definido e suas próprias leis, nem língua, costumes e hábitos nacionais, o indivíduo só era respeitado na sua comunidade; fora dela era um desconhecido sem direitos. Se ele nascesse, por exemplo, em Paris ou nos seus arredores, era considerado um homem dessa região e teria sérias dificuldades se decidisse morar em Toulouse (no sul da França), onde o governo, a lei e a língua eram diferentes.

As monarquias feudais

Não se pode dizer, contudo, que a sociedade feudal seja caracterizada pela inexistência de um poder central. Ele existia através das monarquias feudais. Mas os reis do início da Baixa Idade Média pouco poder tinham. Eles reinavam, de fato, somente sobre um pequeno território.

A centralização efetiva do poder e a formação dos Estados nacionais europeus ocorreram através de um processo lento; só no final da Idade Média alguns deles se estruturaram verdadeiramente.

A Inglaterra, no reinado de Henrique II (1154-1189), da dinastia Plantageneta, foi a primeira monarquia centralizada a se constituir. No século XIII o poder real foi limitado pela Magna Carta e pelo Parlamento, composto por membros da aristocracia e do alto clero (bispos, cardeais, abades), além dos oriundos da rica burguesia. Nos séculos XIV e XV o país tornou-se um Estado forte e unificado, tendo inclusive condições de obter várias vitórias sobre a França na Guerra dos Cem Anos.

A monarquia francesa, formada pela dinastia dos Capetos, no início do século XII, só dominava a região ao redor de Paris, somente sob o reinado de Filipe Augusto (1180-1223) deu-se uma grande ampliação desse território. No governo de Filipe, o Belo (1303), o último rei da dinastia, foi organizado o Conselho da Corte e o Parlamento, ampliando a participação dos Estados Gerais (aristocracia, alto clero e burguesia). Durante a primeira metade do século XIV, no reinado de Filipe IV, da dinastia Valois, a França já contava com quase todo o território que hoje possui.

O Sacro Império Romano-Germânico, herdeiro do império Carolíngio, muito pouco conseguiu realizar no seu imenso território, que compreendida a Alemanha e a Itália do Norte. As guerras constantes, as lutas dinásticas, as longas desavenças com o poder papal, as diferenças culturais, impediram a sua centralização. Uma das consequências disso foi a grande divisão do poder nas duas regiões, impossibilitando a unificação tanto da Alemanha quanto da Itália, fato que só foi ocorrer no século XIX. Sendo assim, durante a Baixa Idade Média não havia um Estado chamado Itália, e sim várias cidades e regiões independentes, o mesmo ocorrendo com a Alemanha.

Na Península Ibérica a divisão política era também muito grande, pois nela existiam vários pequenos reinos independentes. Essa situação era ainda complicada pela luta com os muçulmanos, que a haviam invadido em 711. A Reconquista, isto é, a luta dos cristãos pela recuperação do território, marcou profundamente toda a história peninsular. O primeiro reino a obter a unificação foi Portugal, em 1140. Os outros reinos, Astúrias, Galiza, Leão, Navarra, Aragão e o Condado da Catalunha foram pouco a pouco dominados pelo Reino de Castela. Este acabou conquistando a todos e impondo a sua língua, o castelhano. Mas o processo de unificação só se completou durante o reinado dos reis católicos (Fernando e Isabel) no final do século XV, com a conquista do Reino de Granada, último reduto muçulmano a cair.

Extrema mobilidade

Já mencionamos que a comunidade era o único local onde o indivíduo gozava de respeito e consideração, e que fora dela estava o desconhecido, o risco, o perigo de perder a própria vida. Mas isso não significa que durante a Baixa Idade Média, principalmente nos primeiros séculos, as pessoas não se locomovessem. Nessa época ocorreu uma imensa mobilidade, devida ao aumento demográfico e às oportunidades abertas pela nova sociedade que se formava.

Milhares de camponeses abandonavam suas terras muito povoadas à procura de outras, no movimento conhecido como *roturação**. Outros iam aumentar a população das cidades, necessitadas de trabalhadores das mais variadas categorias.

Caravanas de mercadores deslocavam-se constantemente pelas mais distantes regiões, transportando suas mercadorias e frequentando as feiras realizadas em diversos pontos estratégicos das rotas comerciais.

Jovens cavaleiros, impedidos de terem acesso à riqueza familiar, que só era passada para os primogênitos, partiam para uma vida de aventuras, torneiros, guerras e conquistas. Os próprios reis e príncipes exerciam o governo deslocando-se com seus auxiliares de um lugar para outro, pois não possuíam uma capital fixa onde pudessem concentrar os órgãos de poder. Por isso, tinham o direito de receber hospitalidade e alimento dos seus súditos.

Outro grupo imenso de pessoas, de todas as categorias sociais, partia nos exércitos de cruzados para a conquista de Terra Santa. Milhares percorriam a Europa realizando peregrinações a famosos centros religiosos. Além disso, os religiosos, fossem pregadores, missionários, frades mendicantes, bispos em visita pastoral, enchiam as estradas. Nelas também podiam ser encontrados bandos de estudantes, vagabundos, pobres, servos fugidos e bandidos.

Apesar da estabilidade, o homem medieval se locomovia, e bastante. O maior contingente dessas pessoas retornava para suas regiões natais, mas um grande número delas as abandonava para sempre, em busca de melhores condições de vida.

*As palavras marcadas com asterisco são definidas no Vocabulário, no final do livro.

Cristianismo x paganismo

Uma crença e uma moral comum unificavam toda a população europeia, a religião cristã, apesar de serem raros os que conheciam os seus principais fundamentos. Mas se o conhecimento era escasso, grande era o papel jogado pelo elemento espiritual. Acreditava-se firmemente, por exemplo, no juízo final, na vida após a morte, na intermediação dos santos para os mais variados assuntos, já que para tudo havia um protetor. Também se acreditava nos milagres mais absurdos e adorava-se uma infinidade de relíquias, quaisquer que fossem.

O contraste entre o sagrado e o profano* muitas vezes desaparecia, pois toda vida estava impregnada de religião. Muitas festas de claro estilo carnavalesco, com sátiras aos sermões, evangelhos ou orações, eram realizadas dentro das próprias igrejas. Dentro delas também se dançava, ouvia-se música, representavam-se peças teatrais.

Se por um lado a religião pregava o amor, a caridade, a paz, o respeito ao próximo, a população, ao contrário, apreciava alguns atos de violência, como execuções, esquartejamentos e torturas públicas. Algumas cidades chegavam inclusive a comprar condenados de outros lugares, para fascínio dos espectadores. Em certos casos, os infelizes condenados eram torturados lentamente, sendo-lhes negado o golpe de misericórdia, e com isso deliravam as multidões.

Os missionários, pregadores e vigários tiveram muitos problemas em difundir a religião entre os diversos povos europeus. Nessa tarefa, e para facilitar a comunicação, utilizaram muitas vezes elementos das próprias culturas pagãs. Para divulgar e comemorar a Páscoa, por exemplo, utilizou-se uma festa camponesa realizada no início da primavera para culto dos deuses da fertilidade: a Igreja aproveitou essa data para comemorar a ressurreição de Cristo, valendo-se de alguns elementos diretamente ligados àquele culto, como o ovo e o coelho, símbolos da fertilidade.

Muitos locais onde eram adorados deuses pagãos, ou outras forças da natureza, foram consagrados à construção de capelas, igrejas, santuários, que se tornaram centros de romaria.

Ciência x mentalidade mágica

Os avanços do conhecimento científico na Baixa Idade Média foram significativos em algumas áreas, como filosofia, matemática, geografia, astronomia, mas muito restritos em outras. Na medicina e anatomia, por exemplo, sérios obstáculos foram colocados pela Igreja, que, mais preocupada com a salvação das almas que dos corpos, proibia a dissecação de cadáveres, tão necessária nessas duas áreas.

A Igreja interferiu também em muitos outros campos, já que suas afirmações e preceitos não podiam ser contestados nem negados. Ainda que determinada ideia ou afirmação fosse negada através de experiência e comprovação científicas, ela não era aceita, pois isso iria contra o critério de autoridade. Para a Igreja bastava, portanto, para seu reconhecimento, a autoridade da fonte: uma citação da bíblia, a teoria de um teólogo ou filósofo famoso, a afirmação de um papa.

Mas se houve avanços em alguns campos do conhecimento científico, havia também uma crença generalizada na magia, feitiçaria, astrologia, alquimia. Umas das figuras mais notáveis de cultura medieval, o rei castelhano D. Afonso X, o Sábio, incentivador e autor de inúmeras obras literárias, históricas e legais, deixou-nos também um livro sobre astrologia, pois acreditava que os astros influenciavam o comportamento humano.

O reino da oralidade

Nossa época, marcada pelos modernos meios de comunicação visual (televisão, cinema, computador), cria dificuldade para entendermos a dimensão da *palavra* numa cultura. Na Idade Média uma das poucas formas de atingir as pessoas era através da palavra falada, fosse num sermão, numa pregação, numa canção, seja na narrativa de um conto ou novela.

Esta forma de comunicação, a palavra falada, foi o meio encontrado para atingir a população, quase completamente analfabeta. Daí a grande preocupação da Igreja, e o dos intelectuais, com a oratória, isto é, o cuidado em falar bem, de maneira clara e convincente. Somente através da palavra a Igreja tinha condições de converter os povos pagãos e propagar sua doutrina e ensinamentos.

A palavra era tão importante que até mesmo as orações dos monges nos mosteiros eram feitas em voz alta, e além disso cantadas. Mesmo aqueles privilegiados que sabiam ler o faziam em voz alta, e não em silêncio e sem mover os lábios como fazemos hoje. No final do século XV, com a difusão do livro, algumas bibliotecas universitárias tiveram sérios problemas em controlar a leitura alta feita pelos alunos, que prejudicava os companheiros.

Toda cidade medieval tinha um funcionário, o pregoeiro, cuja função era ler em público, geralmente numa praça, as leis e resoluções tomadas pelo governo municipal.

Daí também a imensa importância do jogral, que com sua voz, gestos e instrumentos transmitia ao público as obras dos trovadores, escritores e poetas. Sem ele a maioria da população não teria tido acesso a grande parte da cultura intelectual realizada naqueles séculos. Com seu trabalho, divertia, fazia chorar, embalava sonhos e esperanças, tocando a sensibilidade das pessoas.

Por outro lado, a palavra escrita num livro ou documento era algo mágico, misterioso, indecifrável para aquela população analfabeta. Era algo também relacionado com o poder, com a autoridade, de Deus ou dos homens que detinham a força. Um documento escrito, seja lá qual fosse, era um instrumento de dominação, de comprovação de direitos e que não permitia contestação. E como só os dominadores tinham acesso à escrita, era quase sempre a sua interpretação que ficava registrada.

Afirmação do direito

A Idade Média desconheceu a legislação civil aplicada igualmente a todas as pessoas. Primeiro, porque havia direitos e deveres diferentes, de acordo com o "estado" da pessoa – fosse nobre, religioso, servo ou burguês. Segundo, porque a sociedade feudal tinha herdado da Alta Idade Média algo do sistema da "personalidade das leis", no qual pessoas eram julgadas segundo a sua origem racial ou social.

Na sociedade feudal prevaleceu durante muito tempo o direito consuetudinário, isto é, o direito derivado dos costumes de determinada região. Sendo assim, cada região, cada feudo, possuía o seu, que muitas vezes era oral.

Com o surgimento das monarquias e o início da formação dos Estados nacionais, foi necessário dar fim a esse caos legislativo, preparando-se o trabalho de organização e unificação das leis. De certa forma isso foi facilitado pelo renascimento do Direito Romano no século XII. Esse corpo legislativo, criado na Antiguidade e voltado para uma civilização urbana, se adequava às novas necessidades impostas pelo renascimento das cidades e pelo desenvolvimento do comércio, que ocorreu na Europa a partir do século XI.

O direito feudal, voltado principalmente para as questões do campo, não era suficiente para resolver as questões legais surgidas na sociedade urbana, nem capaz de solucionar os constantes problemas surgidos entre os comerciantes.

O renascimento do Direito Romano ocorreu inicialmente na Itália, em decorrência do forte impulso de desenvolvimento urbano e comercial que ocorreu ali. Para estudá-lo e divulgá-lo foi criada em Bolonha a primeira faculdade de Direito de toda a Europa, fato que depois se repetiu em outros locais. Os filhos dos burgueses dirigiam-se para essas faculdades para aprenderem a administrar os negócios da família e resolverem as inúmeras questões legais surgidas nas transações comerciais. Da Itália o Direito Romano difundiu-se para outras regiões, como a França, a Alemanha e reinos ibéricos.

No século XIII uma terrível prática germânica, a ordália, foi eliminada do direito de vários locais. Consistia num julgamento no qual o réu devia, no caso do julgamento do ferro em brasa, segurar uma barra de ferro incandescente; se estivesse inocente sairia ileso; se culpado, ficaria com as mãos queimadas. Outra modalidade era a da água fervendo: colocava-se uma pedra ou um objeto de metal dentro de um caldeirão de água fervente e o réu tinha que retirá-lo. A Igreja também a aboliu em 1215, no IV Concílio de Latrão, substituindo-a por uma comissão de juízes para julgar e proporcionar provas legais para condenar ou inocentar as pessoas.

Do século XIII é também uma das primeiras constituições ocidentais, a Magna Carta, da Inglaterra, que limitava os poderes do rei, ampliando, por outro lado, os direitos humanos. O capítulo 39 estabelecia que "Nenhum homem livre deve ser preso, encarcerado, espoliado, proscrito, desterrado, ou em nenhum caso prejudicado, se não for diante de um tribunal legítimo de seus iguais, e segundo a lei da região". Já era um passo enorme, mas continuavam a existir direitos desiguais para as diferentes classes sociais.

Considerações finais

A sociedade medieval, como todas as outras, não pode ser julgada a partir dos padrões vividos hoje pela sociedade contemporânea, pois as condições de vida naquela época eram completamente diferentes. Sendo assim, como todas as épocas, ela teve seus momentos de grandeza, miséria, violência e realizações.

Partindo de condições extremante precárias, o homem medieval construiu uma civilização dinâmica, inovadora e conquistadora. Uma demonstração de sua grandeza está no fato de que, no final da Idade Média, a Europa estava em condições de ampliar sua área de influência sobre grande parte do mundo. Através da expansão marítima alcançou os mais distantes pontos, explorando economicamente as regiões conquistadas e expandindo sua cultura.

Agora uma observação final. Nos próximos capítulos, a quase maioria dos documentos utilizados no texto são provenientes dos grupos sociais dominantes. O ideal seria mostrar também documentos com a visão dos dominados (camponeses, pobres, excluídos), mas estes não registraram as suas opiniões e interpretações, pelo fato de a maioria ser analfabeta. E dos poucos documentos escritos que deixaram, muitos foram destruídos. Sendo assim, infelizmente, grande parte da sua história e da cultura popular está definitivamente perdida.

PARTE II

Documentos

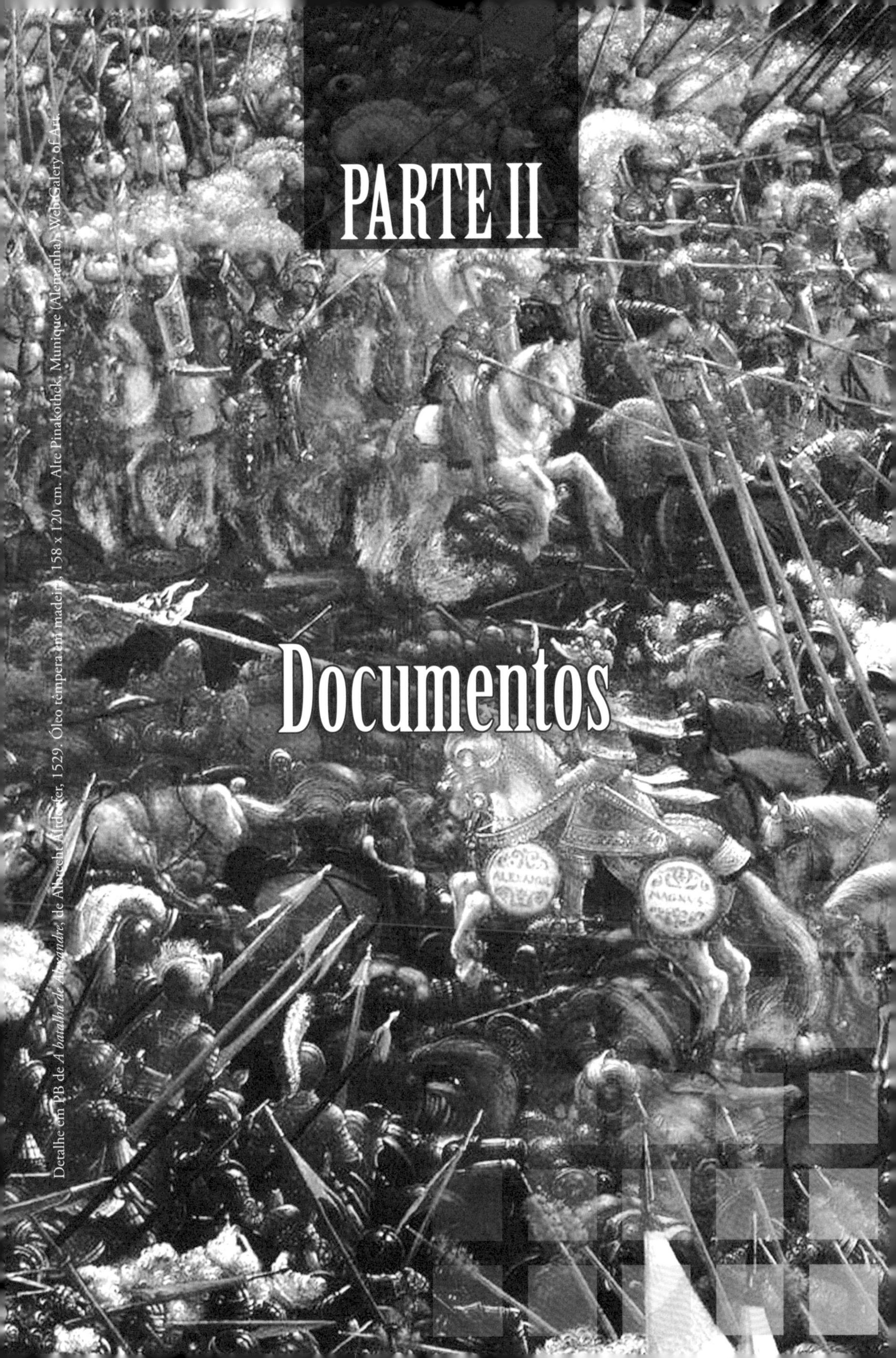

Detalhe em PB de *A batalha de Alexandre*, de Albrecht Altdorfer, 1529. Óleo têmpera em madeira, 158 x 120 cm. Alte Pinakothek, Munique (Alemanha). Web Galery of Art.

CAPÍTULO 1

Considerações sobre o feudalismo

Entre os historiadores não existe acordo sobre o conceito de feudalismo, e vários autores o definem de maneiras diferentes. Para evitar uma discussão que não tem fim, utilizaremos neste livro o conceito de um dos maiores especialistas em História da Idade Média. Para ele feudalismo é:

> *Um sistema de organização econômica, social e política baseado nos vínculos de homem a homem, no qual uma classe de guerreiros especializados — os senhores —, subordinados uns aos outros por uma hierarquia de vínculos de dependência, domina uma massa campesina que explora a terra e lhes fornece com que viver.*
>
> (Jacques Le Goff, *A civilização do Ocidente medieval*, II, p.29.)

As instituições feudais

Iniciemos pelo termo *feudo,* cujos primeiros registros ocorrem em documentos da região da Borgonha, no leste da França, por volta de 881, com a forma *feos*, designando uma propriedade móvel, provavelmente um modo de pagamento com gado. A forma *feudum*, em latim, surgiu no fim do século XI, designando o que entendemos hoje por feudo, isto é, uma extensão de terra concedida em troca de determinados serviços. Deve-se ressaltar, contudo, que o feudo podia ser também uma vila, um castelo, um cargo administrativo, ou mesmo uma certa quantia em dinheiro.

O vassalo era um homem livre, geralmente membro da aristocracia, e não exercia nenhuma atividade produtiva propriamente dita. Sendo assim, um servo não poderia jamais se tornar um vassalo.

A maioria das cerimônias, contratos e alianças foi marcada na sociedade feudal por ritos simbólicos e complicados, uma maneira de fortalecer e garantir os atos realizados, terminando todos pelo juramento sobre relíquias sagradas. Em um mundo atormentado pela violência, pelo medo, pela ausência de segurança e de um poder político forte e centralizado, os homens eram levados a lançar mão do sagrado, do sobrenatural, como forma de fortalecer os vínculos contraídos. Uma traição, nesse caso, não representava exclusivamente a ruptura dos laços estabelecidos de homem a homem, mas podia acarretar a condenação do traidor por toda a eternidade.

No documento seguinte encontramos a descrição desses ritos numa cerimônia de contrato vassálico realizada em 1127:

> *[...] Em primeiro lugar, prestaram homenagem da maneira seguinte: o conde perguntou ao futuro vassalo se queria tornar-se seu homem, sem reserva, e este respondeu: "quero"; depois, estando as suas mãos apertadas pelas do conde, aliaram-se por um beijo. Em segundo lugar, aquele que havia prestado homenagem fez compromisso da sua fidelidade ao "avant-parlier" [porta-voz] do conde, nestes termos: "Prometo, pela minha fé, ser, a partir deste instante, fiel ao conde Guilherme e guardar-lhe, contra todos e inteiramente, a minha homenagem, de boa-fé e sem dolo"; em terceiro lugar jurou o mesmo sobre as relíquias dos santos. [...]*
>
> (F.L. Ganshof, *O que é feudalismo?*, p. 98.)

A questão da fidelidade

A noção da fidelidade era um dos pilares sobre os quais repousavam os laços de homem a homem na sociedade feudal, e ela implicava direitos e obrigações de ambas as partes. Antes de mais nada, o vassalo devia o serviço militar, cujo número de dias variava de região para região, podendo chegar ao máximo de 50 a 60 por ano; importantes também eram o *conselho* e a *ajuda*, que implicavam auxílio e assessoramento ao senhor na administração e preservação dos seus bens e no controle da justiça. Em vários locais os vassalos arcavam ainda com os custos financeiros do senhor em quatro ocasiões: pagamentos dos gastos despendidos por ele numa cruzada, pagamento do seu resgate caso fosse feito prisioneiro, gastos da cerimônia e do armamento de cavaleiro do filho primogênito e despesas do casamento da filha.

O senhor, por sua vez, concedia ao vassalo um feudo, cujo rendimento possibilitava sua sobrevivência, dava-lhe parte dos saques obtidos nas expedições guerreiras, além de presenteá-lo repetidas vezes.

O vassalo que não atendia o chamado do seu suserano para as campanhas militares cometia um delito de traição, sendo severamente punido, já que sua função e razão de ser era justamente militar. Tal é o teor da seguinte constituição do imperador do Sacro Império Frederico Barba-Roxa, feita em 1158:

> *[...] (5) Nós também decidimos firmemente, tanto na Itália como na Alemanha, que desde que uma expedição seja convocada pelo senhor para nela participar [o vassalo] e atrevidamente negligenciar a servi-lo por determinado período de tempo, ou recusar a enviar para seu senhor um substituto aceitável, ou não entregar para seu senhor a metade dos rendimentos anuais do feudo, deverá perder o feudo que mantém do bispo ou outro senhor, e o senhor do feudo terá completa liberdade para confiscá-lo para seu próprio uso. [...]*

(Constituições e Ata Pública do Imperador e Rei, apud David Herlihy, *The history of feudalism*, p. 238.)

A cavalaria

Uma criação típica da sociedade feudal foi o exército de homens a cavalo, diferente da infantaria a pé da Antiguidade, que deu surgimento a uma das instituições mais famosas do período: a *cavalaria*. O cavaleiro vestindo uma armadura, armado com lança e espada e montado em um robusto cavalo era uma máquina de guerra poderosa a que poucos podiam resistir. Seu treinamento e aprendizagem iniciava-se bem cedo, quando tinha uns sete anos, e durava aproximadamente o mesmo período de tempo; depois, servindo como escudeiro completava sua formação e estava pronto para ser armado cavaleiro, numa cerimônia ritual.

Toda a sua vida estava marcada pelo espírito guerreiro, mesmo as suas distrações, como o torneio e a caça. Para seus momentos de lazer foram criados alguns gêneros literários, como as canções de gesta e as novelas de cavalaria, cujos temas giravam em torno de suas principais atividades.

O autor de um célebre livro sobre a ordem da cavalaria escreveu assim sobre a formação do jovem cavaleiro:

> *[...] A ciência e a escola da Ordem da Cavalaria é que o cavaleiro mande ensinar o filho a montar a cavalo, na sua mocidade, porque, se não aprender então, não o poderá aprender na maioridade. [...] Por esta razão o cavaleiro deve submeter o seu filho a outro cavaleiro, para que aprenda a dispor e prover as demais coisas que pertencem à honra de cavaleiro. [...]*
>
> (Ramon Llull, *Livro da ordem da cavalaria*, apud Fernanda Espinosa, *Antologia de textos históricos medievais*, p. 175-6.)

O mesmo autor estabelece agora uma estreita relação entre a vassalagem e o ofício da cavalaria, na qual vemos claramente qual era a função desta instituição:

> *[...] Ofício de cavaleiro é manter e defender o seu senhor terrenal, pois nem rei, nem príncipe, nem alto barão poderão, sem ajuda, manter a justiça entre os seus vassalos. Por isso, se o povo ou algum homem se opõe aos mandamentos do rei ou príncipe, devem os cavaleiros ajudar o seu senhor, que, por si só, é um homem como os demais. E assim, é mau cavaleiro aquele que mais ajuda o povo do que o seu senhor, ou que quer fazer-se dono e tirar os estados do seu senhor, não cumprindo com o ofício pelo qual é chamado cavaleiro. [...]*
>
> (Idem, p. 181.)

Alguns costumes feudais

As instituições, cerimônias e ritos que controlavam as relações entre os senhores feudais e os seus vassalos ultrapassaram e invadiram outras esferas da sociedade. Na teoria do *amor cortês*, por exemplo, o amante comportava-se como um vassalo que devia respeito a sua senhora, que poderia recompensá-lo com um beijo ou com um presente. Mesmo nas relações dos homens com os santos havia muito do comportamento feudal, pois o fiel prestava homenagem e respeito a um santo, de quem esperava alívio para seus sofrimentos e angústias, e se postava diante dele como fazia o vassalo diante do senhor, ajoelhado e de mãos postas. Até a própria figura de Deus era vista como o soberano máximo, que punia e recompensava seus fiéis servidores.

A vida da aristocracia feudal

Os senhores feudais e suas famílias ocupavam o ponto mais alto da hierarquia social e, sendo assim, desfrutavam um padrão de vida completamente diferente do da maioria da população. Com a renda feudal obtida da exploração do trabalho dos servos, podiam viver confortavelmente e ter acesso a uma grande quantidade de bens desconhecidos pela maioria das pessoas.

O maior sinal de prestígio do senhor era sua habitação: um castelo construído de pedra ou tijolo, protegido por uma muralha, torres e, em alguns casos, por um fosso. Tais castelos fortificados foram a reposta encontrada pelos senhores para a extrema insegurança dos primeiros séculos da sociedade feudal, marcados por invasões, guerras e rivalidades.

O senhor vivia no palácio com a sua família, que diferia muito daquela que conhecemos hoje, pois englobava uma grande comunidade de parentes. Além do chefe e sua esposa, incluía os filhos e filhas (legítimos e ilegítimos), tios, tias, primos, como também os parentes por afinidade e demais dependentes. Tal grupo familiar, conhecido como linhagem, exercia uma enorme pressão sobre os seus membros, e a solidariedade entre eles era uma das virtudes mais importantes. A linhagem feudal impunha severos deveres morais, militares e econômicos a seus membros, e quanto maior fosse a parentela mais prestígio ela desfrutava.

Dictionnaire raisonné de l'architecture française du XIe au XVIe siècle, de Eugène Viollet-Le-Duc, 1860. Tomo 3, p. 75. Paris.

Um castelo medieval. Ao fundo vemos a residência do senhor e uma pequena igreja; no resto do terreno estão as residências dos servidores, o estábulo e o celeiro para armazenamento de víveres. (Fonte: J. Le Goff, A civilização do Ocidente medieval, *II.)*

O casamento

Os casamentos dentro desse tipo de família eram resolvidos pelos chefes e demais membros idosos da linhagem; os noivos não tinham a menor participação, ocorrendo muitas vezes que o casal só se conhecia no dia das núpcias, desrespeitando uma norma da Igreja, que exigia o prévio consentimento de ambas as partes.

Para evitar a divisão e dispersão das propriedades familiares, na maioria das vezes só o filho mais velho, o primogênito, era casado. Os outros irmãos permaneciam solteiros e recebiam algum cargo religioso, como de abade (diretor de um mosteiro), cardeal ou bispo. Aos que não aceitavam tal tipo de vida, restava a opção de abandonar o lar natal e partir em busca de aventuras e riquezas em guerras ou torneios.

As mulheres só eram casadas se suas famílias tivessem interesse em fortalecer alianças e contatos amistosos com outra família. Sendo assim, muitas jovens eram guardadas, esperando o melhor momento para serem oferecidas em matrimônio. E, caso não conseguissem marido, muitas eram enviadas para os mosteiros.

As uniões, frequentemente feitas entre primos para evitar a dispersão das propriedades, eram cuidadosamente preparadas com grande antecedência. Em primeiro lugar se realizava o *desposório,* cerimônia semelhante ao noivado moderno, no qual os prometidos, em muitos casos, eram ainda crianças, inclusive bebês.

> *[...] Desposório é chamado a promessa que fazem os homens por palavra, quando querem casar.*
>
> (Alfonso el Sabio, *Las siete partidas.* Edição da Imprenta de Benito Monfort, Valência, 1767.)

Quando a jovem atingia a puberdade, entre 12 e 15 anos, realizava-se o casamento propriamente dito, sendo que o noivo, muitas vezes, tinha mais do dobro dessa idade. No documento a seguir encontramos uma clara concepção do papel da mulher no casamento:

> *[...]* Matris *e* monium *são palavras latinas de onde tomou nome Matrimônio, que quer dizer, em língua romântica, ofício de mãe. E a razão por que chamam Matrimônio ao Casamento, e não Patrimônio, é esta. Porque a mãe sofre maiores trabalhos com os filhos que o pai. Pois como quer que o pai os engendra, a mãe sofre grandes males com eles, enquanto os trazem; e sofre grandes dores quando nascem; e depois de nascidos, há muitos trabalhos em criá-los. E além disso, enquanto os filhos são pequenos mais necessidades têm da ajuda da mãe que do pai. E por todas estas razões acima, que cabem à mãe fazer, e não ao pai, que é chamado Matrimônio, e não Patrimônio. [...]*
>
> (Idem.)

O casamento, portanto, era resolvido pelas famílias; sendo assim, o sentimento amoroso entre o casal não era levado em conta. Mas isso não foi uma característica própria da Idade Média, pois o casamento por amor só começou a ocorrer na sociedade europeia a partir do século XVII. Isso nos ajuda a entender por que o tema do "amor cortês" da literatura medieval privilegiou tanto a relação extraconjugal, isto é, o contato amoroso entre uma mulher casada e um homem solteiro. Seus autores partiam do princípio de que, como não havia amor entre o marido e a esposa, esse sentimento tinha que ser buscado fora do matrimônio.

Tal teoria é encontrada num livro muito conhecido, de um religioso francês, escrito por volta de 1186. Nele encontramos um longo diálogo, entre um homem e uma mulher, sobre a questão da possibilidade de existir ou não sentimento amoroso entre marido e mulher; como não chegam a um acordo, pedem o veredicto da Condessa de Champagne, que responde assim ao problema:

> *[...] Por fim, após analisar minuciosamente cada tese e buscar por todos os meios a verdade, queremos colocar um ponto-final ao presente litígio com o seguinte juízo: decidimos e afirmamos, após considerar o conteúdo de vossas palavras, que o amor não pode estender suas forças entre dois esposos. De fato, os amantes se dão gratuitamente um ao outro, sem que uma razão os obrigue; ao contrário, os esposos estão obrigados, pelo dever, a satisfazer mútuos desejos, e a nada negar. [...]*
>
> *Contudo, afirmamos isso por outra razão, porque uma regra do amor diz que nenhuma mulher casada poderia obter o prêmio do rei do amor, a menos que esteja envolvida em seu exército fora do matrimônio. [...]*
>
> (Andreas Capellanus, *Tratado sobre o amor*, p. 201-3.)

Como já afirmamos, uma das opções que se abriam para os filhos não casados das famílias nobres era partir para uma vida de aventuras em busca de diversão, manutenção e procura de uma esposa. Sendo assim, a conhecida figura do cavaleiro andante não era uma invenção dos escritores, mas um personagem real da sociedade medieval. E como tal pode ser encontrado no seguinte diálogo entre um vilão* e um cavaleiro de uma novela da segunda metade do século XII:

[...] — Eu sou um cavaleiro — respondi —, que busca encontrar o que não pode; bastante longa tem sido já minha busca, porém nada encontrei.

— E o que tu querias encontrar?

— Aventura, para colocar à prova meu valor e audácia. Rogo-te, peço e suplico, conta-me o que sabes, se tu ouviste alguma aventura ou feito prodigioso. [...]

(Chrétien de Troyes, *O cavaleiro do leão*, p. 7.)

Os senhores feudais tinham, portanto, um tipo de vida muito diferente da que tinha o resto da população: primeiro devido às suas atividades guerreiras e militares; segundo, por desfrutarem do conforto e da posse de inúmeros bens proporcionados pela renda feudal obtida da exploração do trabalho dos servos. A ostentação da riqueza fazia parte dos costumes da aristocracia, principalmente nas festas de casamento, na cerimônia de armação de cavaleiro do filho, nos torneios, nas comemorações de vitórias e nos banquetes.

CAPÍTULO 2

O mundo rural

A sociedade feudal, apesar de todas as críticas fundamentadas sobre seu atraso, ineficiência e superexploração do trabalho servil, representou um avanço em relação ao período que a antecedeu, marcado pelo trabalho escravo. O servo medieval, mesmo numa posição dependente, desfrutava alguns direitos, como formar família, possuir seus instrumentos de trabalho, não ser afastado da terra onde morava. As rendas que pagava aos senhores eram estabelecidas e fixadas pelos costumes e não eram alteradas pela simples vontade do proprietário; sendo assim, podia organizar e administrar melhor sua produção.

O período de relativa paz que se instaurou após as últimas invasões do século X, somado às tentativas da Igreja de propagar as instituições da *paz* e da *trégua de Deus,* trouxe maior estabilidade social, possibilitando um aumento da produção agrícola. E, com mais alimentos para consumir, ocorreu também por quase toda a Europa um notável aumento demográfico, que perdurou até o século XIII.

Progresso tecnológico

A expansão agrícola do final do século X e início do XI foi favorecida por algumas alterações na tecnologia, como a difusão do moinho hidráulico, inventado na Antiguidade, mas só então utilizado com sucesso, e a invenção de um arado com roda, mais pesado e eficiente, chamado *charrua,* que removia com mais facilidade a terra, realizava sulcos mais profundos e durava mais, pois era feito de ferro (se não todo, pelo menos a parte que sulcava a terra).

Outras inovações difundidas foram os melhoramentos realizados no sistema de atrelamento dos animais, que antes era feito no pescoço, sufocando-os e diminuindo sua eficiência. No novo sistema, o animal passou a ser atrelado pelo peito, aumentando substancialmente seu poder de tração.

Detalhe de As mui ricas horas do duque de Berry – Folio 3, verso: março, dos Irmãos Limbourg, 1412-1416. Web Galery of Art.

Arado com roda, ou charrua. (Fonte: Robert-Henri Bautier, A economia na Europa medieval.*)*

Um grande avanço foi possibilitado pela mudança na rotação do cultivo; na Antiguidade usava-se o *sistema bienal,* no qual sempre metade da terra permanecia em pousio* para recuperar seus elementos nutrientes enquanto a outra metade era plantada. No ano seguinte ocorria uma mudança: a terra que tinha sido usada ficava em descanso, utilizando-se a que havia se recuperado no período anterior. Nesse sistema, portanto, somente metade da terra era produtiva. No século XI passou-se a utilizar o *sistema trienal,* no qual somente um terço da terra permanecia em pousio, aumentando, consequentemente, a produção de alimentos.

As roturações

Uma grande expansão do espaço agrícola iniciou-se a partir do século XI com o movimento das *roturações*, que foi a conquista de novas terras para o cultivo, fossem florestas, pântanos ou mesmo territórios ganhos ao mar através de diques. Essas roturações, em grande parte favorecidas pelos próprios senhores feudais visando aumentar suas rendas, além de incrementar a produção de alimentos, possibilitaram também um grande deslocamento de homens, ampliando seu grau de liberdade. Encontramos um exemplo no documento a seguir, no qual o arcebispo de Rouen arrenda uma parte do seu domínio para roturar em 1253:

> *[...] Sabeis que arrendamos a nosso amado e fiel Renaud, clérigo, nossas terras de Alihermont, tanto as roturadas como as que estão ainda por roturar [...] por seis anos, a partir da Asssunção do ano de 1253.*
> *Que o dito Renaud faça lavrar e semear os campos por seu próprio custo; o gasto da colheita se fará em comum; as colheitas se farão juntas, e enquanto ele ficará com a metade, nos reservará fielmente a outra metade, e esperará nosso consentimento para proceder ao repartimento destes frutos. [...]*
>
> ('Regestrum Visitationum Archiepiscopi Rhotomagenesis', apud Georges Duby, *Economía rural y vida campesina en el occidente medieval*, p. 491.)

As consequências quantitativas dessas inovações na agricultura foram notáveis, principalmente para a demografia; a população europeia, que em 1050 era de 46 milhões de habitantes, em 1150 atingiu 50 milhões, chegando a 61 milhões em 1300.

Essa *revolução na agricultura*, como é denominada por alguns autores, melhorou o nível de bem-estar das populações, favoreceu o desenvolvimento do comércio, com o excedente produzido no campo, e possibilitou, assim, o desenvolvimento urbano.

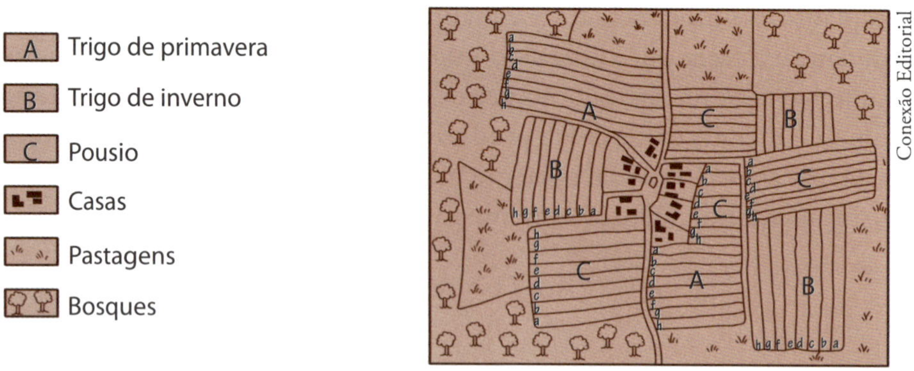

Cultivo característico de uma senhoria medieval; as faixas com letras minúsculas correspondem à extensão de terra de camponês. (Fonte: Robert S. Lopez,* A revolução comercial da Idade Média.*)*

Desprezo social ao camponês

Mas, apesar de sustentar economicamente toda a sociedade feudal, o camponês era um ser desprezado pelos integrantes dos demais grupos sociais, sendo muito difícil encontrar um documento que reconhecesse e elogiasse a sua função. Na citação abaixo, retirada de uma novela de cavalaria, encontramos a seguinte descrição de um habitante do campo:

> *[...] Um vilão, que se parecia a um mouro por sua monstruosa e desmedida fealdade, criatura mais feia do que se poderia dizer com palavras, estava sentado em cima de um tronco, com uma grande maçã nas mãos. Ao aproximar-me dele, vi que tinha a cabeça muito grande, maior que a de um cavalo ou outro animal de maus modos, o cabelo eriçado, a testa pelada, de mais de dois palmos de largura, enormes orelhas peludas como de elefantes, sobrancelhas espessas e cara plana, olhos de coruja e nariz de gato, boca rachada como a de um lobo, dentes caninos afiados e vermelhos, como os de um javali, barba vermelha e bigode torcido, o queixo afundado no peito e uma costa larga, encurvada e corcunda. [...]*
>
> (Chrétien de Troyes, op. cit., p. 6.)

Segundo um célebre tratado escrito por volta de 1186, os camponeses não estavam nem mesmo preparados para o amor:

> *[...] Dissemos que é muito difícil encontrar camponeses que sirvam na corte do amor, pois eles executam as obras de Vênus (deusa do amor) tão naturalmente como o cavalo e a égua, tal como se lhes ensina o instinto natural. Ao agricultor lhe basta o trabalho diário e os prazeres ininterruptos do arado e do enxadão. Porém, se alguma vez chegasse a suceder — raro seria — que fossem feridos pela flecha do amor, o que vai contra sua natureza, não convém ensinar-lhes a doutrina do amor, pois enquanto pensam em atividades alheias a sua natureza, sentiremos que as propriedades dos homens, que costumam frutificar graças a seu trabalho, deixam de produzir por falta de alguém que as faça frutificar. [...]*
>
> (Andreas Capellanus, op. cit., p. 74.)

A pobreza de um camponês

Do fruto do seu trabalho no campo pouca coisa restava para as famílias camponesas, já que grande parte da produção era enviada para os celeiros do senhor. As tarefas agrícolas eram pesadas e delas se ocupava quase toda a família, como vemos nesta descrição de um pobre casal trabalhando com o arado, encontrada numa obra inglesa do século XIV:

> *Seu casaco de tecido chamado nupcial / seu capuz cheio de buracos por onde saíam os cabelos / seus sapatos mal amarrados e todos remendados / por onde apareciam os dedos quando caminhava, / Suas calças penduradas de lado a lado / eram salpicadas de água suja enquanto arava, / duas miseráveis meias feitas de tiras velhas / os dedos gastos e a sujeira cobrindo-os. / Banhado em barro até os tornozelos / e frente a ele quatro bois, tão cansados e fracos / que se podiam ver suas costelas, tão lastimosos eram. / Sua esposa junto a ele com uma vara para conduzir os bois / E uma jaqueta remendada cortada nos joelhos, / envolta em um lençol para proteger-se do tempo.*
>
> (William Langland, Piers Ploughman's Crede, apud Eileen Power, *Medieval women*, p. 74.)

E o trabalho das mulheres ia além das tarefas agrícolas, pois:

> *Pobres as que vivem nas cabanas / Carregadas de filhos e rendas dos senhores; / O que conseguem poupar do trabalho de ficção é utilizado nos gastos da casa, / Em leite e farinha para fazer sopas / para alimentar a seus filhos que choram por comer. / Também elas sofrem muita fome / E tristeza no inverno com suas noites sombrias. / Levantando-se do leito para balançar o berço... / Para cardar e pentear, [preparar os fios de lã], remendar e lavar/ esfregar e enovelar, [...] / É muito duro ler ou em rimas cantar / as penúrias daquelas mulheres que vivem nas cabanas.*
>
> ('The vision of William concerning Piers the Ploughman by William Langland', apud Eileen Power, op. cit., p. 74.)

De modo geral os camponeses medievais viviam em aldeias, onde as famílias tinham suas cabanas, para onde voltavam depois dos trabalhos agrícolas diários feitos nas terras que as circundavam. Durante os invernos permaneciam longos períodos em casa, dedicando-se a trabalhos domésticos, artesanato, fiação e tecelagem. Nas cidades próximas vendiam parte dos bens que produziam e também compravam alguns produtos manufaturados.

Crenças e superstições

A Igreja Católica teve sérios problemas em impor sua fé e ensinamentos aos camponeses, já que eles tinham as mais variadas crenças. Um religioso do século XIII, após visitar algumas regiões próximas à cidade de Lyon, no leste da França, descreve assim o que tinha encontrado:

> *[...] Temos de falar em sexto lugar das superstições injuriosas, algumas das quais são ofensivas a Deus, e outras ao próximo. São ofensivas a Deus as superstições que outorgam honras divinas aos demônios ou a outra criatura qualquer: é próprio da idolatria, e também do que fazem as miseráveis mulheres lançadoras de sorte, que pedem a salvação adorando os arbustos de madressilva ou fazendo-lhes oferendas; desprezam as igrejas ou as relíquias dos santos, levam seus filhos a esses arbustos ou a outros objetos, para que produzam a cura. [...]*

(Etiene de Bourbon, 'De la adoración del can Guinefort', apud Jean-Claude Schmitt, *La herejía del santo lebrel,* p. 17-8.)

Em seguida ele narra uma superstição difundida na região:

> *[...] É o que ocorreu recentemente na diocese de Lyon, onde me encontrava pregando contra os sortilégios e escutando as confissões. Numerosas mulheres disseram-me que haviam levado seus filhos para São Guineforte. E como acreditei que era algum santo, fiz uma investigação e compreendi, finalmente, que se tratava de um cão de caça [...]*

(Idem, ibidem, p. 18.)

O animal tinha sido morto injustamente pelo seu dono e o túmulo onde estava enterrado tornou-se um centro de peregrinação que durou até o fim do século passado.

Tais crenças não eram exclusivas dos camponeses ignorantes, pois numa resolução de 1267, do bispado de Leão, no norte da Espanha, encontramos o seguinte:

Proibimos, sob pena de excomunhão, que um clérigo seja encantador, adivinho, cartomante e agoureiro, que faça cartas para colocar no pescoço, e que isso seja também proibido para os paroquianos.

(Sínodo celebrado por D. Martín Fernández, bispo de Leão.)

Mas não era só a Igreja que estava preocupada em abolir a feitiçaria no campo, pois os governantes também se interessavam pelo assunto, principalmente pelas suas trágicas consequências, como podemos apreciar nesta lei do rei castelhano D. Afonso X, o Sábio:

[...] Necromancia é o nome dado em latim a um saber estranho para encantar os maus espíritos; e desde que, dos homens que trabalham nisso, advém muito dano para o lugar onde moram, e principalmente para aqueles que neles acreditam e que lhes pedem alguma coisa, acontecendo muitas vezes que do susto que levam andando de noite, buscando tais coisas em lugares estranhos, alguns deles morrem, ficam loucos ou desmemoriados; por isso, proibimos que se tenha a ousadia de trabalhar, de usar de tal maldade, porque é coisa que pesa a Deus, e de onde vem grande dano aos homens. Proibimos que se tenha a ousadia de fazer imagens de cera, de metal, de outros feitiços para enamorar os homens com as mulheres, nem para separar o amor que houver entre eles. Proibimos também que se tenha a ousadia de dar ervas ou poções a algum homem ou mulher, por motivo de enamoramento, porque acontece muitas vezes que essas poções causam a morte dos homens que as bebem, provocam grandes enfermidades, de que ficam cegos para sempre. [...]

(Alfonso el Sabio, op. cit.)

Outra prática religiosa muito difundida na população camponesa era a romaria* às pequenas ermidas ou capelas localizadas na zona rural, para pedido de alguma graça ou pagamento de promessa. Uma grande multidão frequentava esses locais nos dias de comemoração da festa do padroeiro ou padroeira, onde também eram realizadas feiras, danças, jogos. Para atender o público eram construídas tavernas, para jogo do azar e outras distrações pouco recomendáveis. Na cantiga a seguir, composta pelo jogral galego Pero Viviaez no século XIII, encontramos um pouco desse espírito da festa:

> *Pois nossas mães vão a São Simão / do Vale de Prados velas acender, / nós, as meninas, com elas vamos / e elas então / acendam velas por nós e por elas / e nós, as meninas, bailaremos ali.*
>
> *Todos nossos amigos lá irão/ para nos ver, e nós andaremos / bailando diante deles, formosas, com pouca roupa, / e nossas mães, que para lá vão; / acendam velas por nós e por elas / e nós, meninas, bailaremos ali.*
>
> *Nossos amigos irão para apreciar / como bailamos, e poderão ver / bailar moças muito formosas, / e nossas mães, que para ali querem ir,/ acendam velas por nós e por elas / e nós, as meninas, bailaremos ali.*
>
> (Pero Viviaez. 'Cantiga 169', apud José Joaquim Nunes, *Cantigas d'amigo dos trovadores galego-portugueses,* p. 153-4.)

CAPÍTULO 3

Renascimento comercial

A partir do século XI, o comércio, até então muito restrito e de pouco alcance, teve um incremento notável em várias partes da Europa, principalmente no eixo que vai do Mar do Norte até a península italiana. Cidades como Veneza, Gênova, Pisa, graças ao transporte marítimo, mantinham contatos com o Oriente e obtinham lucros consideráveis nas suas transações. Ao norte, as cidades de Bruges, Bremen e Lübeck, essa última núcleo da Hansa (um conjunto de cidades mercantis da região), pouco a pouco estabeleciam contatos comerciais com toda a Inglaterra, Alemanha, Bélgica, Holanda, chegando até à cidade russa de Novgorod.

Conexão Editorial

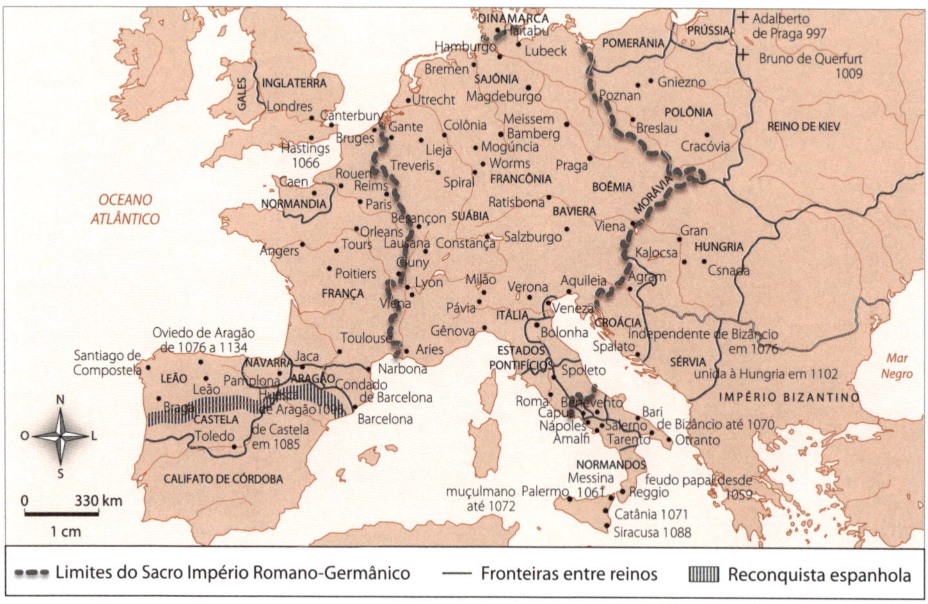

O Ocidente por volta do século XI. (Fonte: J. Le Goff, La Baja Edad Media, Madri, Siglo XXI Editores, 1990.*)*

Inicialmente, os produtos de luxo, como peles, especiarias e tecidos finos, ocupavam um lugar de destaque nesse comércio. Mas com o tempo outras mercadorias foram entrando no circuito, como sal, vinho, armas, madeiras, escravos e cereais.

As origens dos mercados

Durante muito tempo os historiadores discutiram as origens dos primeiros mercadores, pois, sendo a maioria da população proveniente do meio rural e pobre, como adquiriram, a partir de determinado momento, os recursos e capitais suficientes para levar adiante seus negócios? Tal questão não pode ser respondida facilmente, pois são muitos raros os documentos sobre o assunto. Diante disso torna-se necessário lançar mão das mais variadas fontes, como a narrativa da vida do santo inglês Godric de Finchale, do século XI, que tinha origens camponesas, mas:

> *[...] aspirando à profissão de mercador, começou a seguir a vida de vendedor ambulante, aprendendo primeiro como ganhar em pequenos negócios e coisas de preço insignificante; e então, sendo ainda um jovem, o seu espírito ousou a pouco e pouco comprar, vender e ganhar com coisas de maior preço. [...] nas terras onde encontrava certas mercadorias raras e por isso mais preciosas, transportava-as para outras partes onde sabia que eram menos familiares e cobiçadas pelos habitantes a preço de ouro. Fez desta maneira muitos lucros com todas as suas vendas e reuniu avultados bens com o suor do seu rosto, visto que vendia caro num lugar as mercadorias que tinha comprado noutro por um preço inferior. [...]*
>
> (Reginald of Durham. *Livro da vida e milagres de S. Godric, eremita de Finchale*, apud F. Espinosa, op. cit., p. 198.)

Outra forma de conseguir o capital inicial era proporcionada pelos saques obtidos nas campanhas militares, que, se empregados corretamente podiam gerar lucros consideráveis. Tal pode ter ocorrido no ataque à cidade de Cesareia pelos cruzados genoveses em 1101; após saquearem selvagemente a cidade, acamparam numa praia e ali:

> *[...] Primeiro separaram de todo o dinheiro [...] um décimo e um quinto [que era devido] para as galeras. Mas todo o dinheiro restante foi dividido*

por eles entre oito mil homens. E eles deram 48 sólidos poitevinos [moeda do Poitou, França] e 2 libras de pimenta para cada um, como sua parte [...]*

(*Annali genovesi di Caffaro e de'suoi continuatori dal 1099 al 1292*, apud Robert S. Lopez & Irving W. Raymond, *Medieval trade in the Mediterranean world*, p. 89.)

Contatos dos italianos com estrangeiros

Algumas cidades italianas chegaram inclusive a conquistar entrepostos comerciais no Oriente Próximo como forma de facilitar e organizar seus contatos mercantis, entrepostos estes que geraram inúmeros conflitos entre elas. Como exemplo, temos a seguinte concessão de privilégios comerciais dada aos venezianos pelo patriarca de Jerusalém, em 1123:

[...] possam os venezianos ter uma igreja, uma rua completa, uma praça, um balneário e mesmo um forno para ser possuído por direito hereditário perpetuamente, livre de todos os impostos, exatamente como se fosse propriedade real. [...] Quando os venezianos [comerciem] entre eles deverão medir com as suas próprias medidas, ou seja, as medidas dos venezianos. Quando os venezianos vendem os seus gêneros a outros povos, devem vendê-los com as suas próprias medidas, ou seja, as medidas dos venezianos. [...]

(Howard L. Adelson, *Medieval commerce*, apud F. Espinosa, op. cit., p. 202)

Apesar dos obstáculos interpostos pela Igreja, os italianos comerciavam inclusive com os muçulmanos, já que não estavam preocupados com a diferença religiosa, nem tinham problemas de consciência em vender-lhes escravos, armas e madeiras. As madeiras eram utilizadas para construção de barcos e, junto com as armas, poderiam mesmo ser utilizadas contra os próprios cristãos. Como exemplos desse contato, temos o seguinte tratado de paz e comércio feito entre os pisanos e o califado Almóada em 1186:

[...] E com licença [do califa], que Alá enalteça as suas decisões e lhe faça sentir os seus benefícios e bondade!, poderão [os pisanos] vir à terra dos Almóadas, que Alá os enalteça!, a fim de praticarem o seu tráfico e exportarem [mercadorias]; limitar-se-ão a quatro terras dos supraditos [Almóadas],

a saber, Ceuta, Oran, Bougis e Túnis, que Alá as guarde!, sem que lhes seja lícito desembarcar ou permanecer noutras terras dos Almóadas, a não ser por força da tempestade que os constrangesse a salvarem-se, deitando a âncora nalguma praia; não poderão no entanto vender ou comprar aí qualquer coisa, nem tratar de comércio, nem conversar com algum dos habitantes. Exceptua-se Almeria, que Alá a guarde!, onde poderão munir-se de [víveres] e reparar os navios, quando disso tiverem necessidade, mas sem qualquer outra finalidade. [...]

(M. L. De Mas Latrie, *Traités de paix et de commerce et documents divers, concernants les relations des chrétiens avec les arabes dans l'Afrique Septentrionale*, apud. F. Espinosa, op. cit., p.203.)

As feiras

Além das cidades, onde eram desenvolvidas as atividades comerciais, surgiram também mercados temporais – as feiras – em alguns lugares, principalmente na zona de contato entre o comércio do Mediterrâneo e o Mar do Norte. As mais famosas foram as de Champagne, no nordeste da França, principalmente a partir do fim do século XII. Os condes dotaram-nas de direitos especiais para atrair os comerciantes e com isso obter as rendas substanciais provenientes dos impostos.

Essas feiras, realizadas uma ou duas vezes ao ano nas cidades de Troyes, Provins, Bar-sur-Aube e Lagny, atraíam mercadores internacionais, constituindo também centros de atividades de crédito e de câmbio. A carta seguinte, escrita em Troyes por um comerciante de Siena, em 1265, informa os seus sócios de como andavam os negócios:

[...] Aqui as mercadorias vendem-se tão mal que parece mesmo impossível vender alguma coisa; e há imensa quantidade delas. A pimenta vale aqui [...] libras a carga e não se vende bem. O gengibre, de 22 a 28 dinheiros, dependendo da qualidade. O açafrão tem sido muito procurado, vendendo-se a 25 soldos a libra e já não há nenhum [no mercado]. A cera de Veneza, a 23 dinheiros a libra. A cera de Túnis a 21 dinheiros e meio. O sócio de Scotto tem uma quantidade de mercadorias e não consegue transformá-las em dinheiro; está tentando enviá-las para a Inglaterra a fim de aí as*

vender. O câmbio do esterlino faz-se a 59 soldos o marco*. A boa moeda de Freiburg a 57 soldos e 6 dinheiros o marco. [...]*

(Paolo & Piescolomini. *Lettere volgari*, apud. F. Espinosa, op. cit., p. 206.)

Com o aumento do volume de comércio tornou-se necessária a evolução dos sistemas de cargas e descargas de mercadorias. Na figura vemos um guindaste de Bruges, na Bélgica; preste atenção no sistema de tração, com os homens dando voltas no cilindro. (Fonte: Manuscrito da Bayrisches Staatsbibliothek, Munique, apud Fritz Rörig, The medieval town.*)*

Burgues: the 'great crane'. The medieval town, de Fritz Rörig, 1967. p. 78. Bayerisches Staatsbibliothek, Munique.

As sociedades comerciais

Os mercadores italianos, para melhor organizarem seus negócios e obterem mais lucros, inventaram várias formas de sociedade, bem como letras de câmbio, registros da contabilidade, seguros marítimos. No documento seguinte encontramos o registro da criação de uma sociedade comercial genovesa, realizada em 1163:

Stabile e Ansaldo Garraton formaram uma sociedade em que, como mutuamente declararam, Stabile contribuiu com 88 libras [genovesas] e Ansaldo com 44 libras. Ansaldo dirige esta sociedade para levá-la adiante, para Túnis ou qualquer outro local onde vá o barco que irá usar, a saber, [o barco] de Baldizzone Grasso e Girardo. No seu retorno [ele irá colocar o dinheiro apurado] em poder de Stabile ou de seu mensageiro para [os fins de] divisão. Depois de deduzir o capital, irão dividir os lucros pela metade.

(M. Chiaudano & M. Moresco. *Il cartolare di Giovanni Scriba*, II, apud R. S. Lopez & I.W. Raymond, op. cit., p. 179.)

Invenção do contrato de seguro

Numa época marcada por guerras constantes e pelo perigo dos piratas, as atividades mercantis eram sempre um risco; para evitá-lo, os comerciantes andavam, sempre que possível, em grupos ou mesmo em caravanas. Deslocando-se por rotas terrestres, tinham que enfrentar ladrões, que muitas vezes eram os próprios senhores feudais, já que não havia direitos que os protegessem. Uma forma de contornar tais perigos foi a invenção do contrato de seguro, como podemos ver no exemplo seguinte:

[...] No memorando datado do dia acima [Pisa, 3 de agosto de 1384] em nome de Baldo Ridolfi e seus sócios, nós seguramos por 100 florins de ouro a lã do barco de Bartolomeu Vitale (em trânsito) de Peñiscola para Porto Pisano. E dos ditos 100 florins, que nós seguramos contra todos os riscos, nós recebemos 4 florins de ouro em dinheiro, como consta no registro feito pela mão de Gherardo d'Ormanno, subscrito por nós. O dito barco chegou em Porto Pisano a salvo em 4 de agosto de 1384 e nós estamos livres do referido risco. [...]

(E. Bensa, *Francesco di Marco de Prato*, apud R.S. Lopez & I.W. Raymond op. cit., p. 263.)

O comércio, portanto, deu um novo vigor à economia europeia, alterando profundamente toda a sociedade, seja na cidade, onde era desenvolvida a maioria das atividades mercantis, seja no campo, que passou a produzir um excedente agrícola. A economia monetária tornou-se então dominante, dando fim a uma época em que grande parte das transações era realizada pela troca de produtos diferentes. Deve ser ressaltado também que esse comércio não estava restrito ao mercado urbano, pois a maior fonte de lucros dos comerciantes medievais era proveniente do comércio internacional.

CAPÍTULO 4

Desenvolvimento urbano

Um dos principais fenômenos históricos da Idade Média foi o renascimento urbano iniciado por volta do século XI, que deu surgimento a uma civilização completamente diferente daquela até então existente, marcada por uma característica basicamente rural. Isso não quer dizer que não existissem cidades na primeira metade da história medieval, pois vários centros urbanos criados ainda no Império Romano subsistiram na geografia europeia. Mas quase sempre eram cidades episcopais ou residência de algum nobre importante, contando com uma população extremamente reduzida, que vivia do trabalho no campo, sendo escassas as atividades comerciais e manufatureiras que nelas ocorriam.

Dá-se, portanto, desde o século XI, um renascimento dos centros urbanos já existentes, bem como a criação de novas cidades, favorecidas pelo crescimento demográfico que estava ocorrendo naquele período. A construção de novas muralhas, elemento imprescindível em uma cidade medieval, torna-se uma realidade a partir de então.

Apesar dos encargos que recaíam sobre a população urbana, ela desfrutava de uma liberdade muito superior àquela vivida pelos camponeses; um ditado alemão daquela época exprime muito bem esse espírito: "O ar da cidade torna o homem livre".

Surgimento das comunas

Grande parte das cidades possuía um senhorio laico ou eclesiástico, que exercia um governo despótico, cobrando impostos extorsivos, convocando os moradores para restaurarem pontes, estradas e muralhas. A partir do momento em que algumas cidades se desenvolveram, surgiram conflitos quanto à questão do poder político nelas exercido, já que os comerciantes e artesãos não aceitavam pacificamente os encargos fiscais que recaíam sobre eles.

A luta pelo poder político desembocou então num conflito social de imensas proporções, com rebeliões e levantamentos da população, com o objetivo de adquirir o direito de *comuna*, isto é, que as cidades fossem governadas e administradas por representantes da própria população. Em algumas cidades o processo foi resolvido pela compra do direito de comuna, no qual a população pagava uma quantia estipulada pelo senhor para obter sua liberdade, não lhe devendo mais nenhuma obrigação. Abaixo encontramos uma narrativa da proclamação da comuna em Le Mans, na França, em 1070:

> *[...] Então [os habitantes da cidade], tendo feito uma associação a que chamaram comuna, ligaram-se uns aos outros por juramento e obrigaram os grandes da região a jurar fidelidade à sua comuna. Tornando-se audaciosos por essa conspiração, principiaram a cometer inumeráveis crimes, condenando indiscriminadamente sem causa muitas pessoas, cegando algumas pelas menores razões e, o que é horrível de dizer, enforcando outras por faltas insignificantes. Queimaram mesmo os castelos da área durante a Quaresma. [...]*

(*Actus Pontificum Cenomannis in Urbe Degentium,* ed. G. Busson & A. Ledru, apud F. Espinosa, op. cit., p. 211.)

Rua ladeada de lojas. Pormenor de uma miniatura de Le Gouvernement des Princes, de Frère Gilles, fim do século XV.

Uma comuna recebendo sua carta. (Fonte: Fritz Rörig, The medieval town.)

Prosperidade urbana

O desenvolvimento do comércio e das manufaturas trouxe a prosperidade para inúmeras cidades, como podemos constatar na crônica de um orgulhoso, e exagerado, cidadão de Milão, escrita em 1288:

> *[...] 2. A população, tão numerosa na cidade como no campo ou no seu distrito, aumenta diariamente e a cidade amplia-se com a [construção de novos] edifícios. Como o povo não poderia prosperar em um local tão glorioso para viver? Por essa razão, se todos os cidadãos são contados com os estrangeiros de todos os locais, chega-se a um total de mais de 200.000 homens [em todo o município] – cada um deles sendo visto como um homem preparado para a guerra. Não incluímos nesse total diversos tipos de pessoas isentas [do serviço militar] – monges, clérigos e religiosos, tanto aqueles que professam como os que vivem em suas próprias casas com seus servidores. [...]*
>
> (Bonvesin della Riva, *De magnalibus urbis Mediolani*, apud R.S. Lopes & I.W. Raymond, op. cit., p. 63.)

Tais números são realmente notáveis se comparados com a maioria dos outros centros urbanos, cuja população variava de 5.000 a 50.000 habitantes. Outra grande cidade italiana foi Florença, minuciosamente retratada em 1336-38 pelo seu mais famoso cronista:

> *[...] Da quantidade de pão constantemente consumida pela cidade, estima-se que em Florença havia cerca de 90.000 bocas divididas entre homens, mulheres e crianças, [...] Eram 200 ou mais as oficinas da Arte della Lana [corporação dos tecelões de lã], que produziam de 70.000 a 80.000 peças de tecidos, valendo mais de 1.200.000 florins de ouro. [...] Havia 80 bancos de cambistas de moedas. As moedas de ouro cunhadas chegavam a 350.000 florins, e em algumas épocas 400.000 [anualmente]. Florença tinha na época 150 padarias. [...]*
>
> *Cada ano a cidade consumia cerca de 4.000 bois e vitelos, 60.000 carneiros e ovelhas, 20.000 bodes e cabras, e 30.000 porcos. [...]*
>
> (Cronica di Giovanni Villani, apud R.S. Lopez & I.W. Raymond, op. cit., p. 71-3.)

As corporações

Uma instituição típica das cidades medievais foi a *corporação de ofício,* ou, *guilda*, como era chamada nos países saxônicos. Eram associações que dominavam a produção e distribuição de determinado produto e controlavam desde a seleção de matéria-prima, o processo de produção, a qualidade, a quantidade e o preço final até as questões do ingresso e da formação de novos membros.

O indivíduo, para exercer qualquer atividade, tinha que se filiar a uma delas, sob pena de ser expulso da cidade; assim, havia corporações de tecelões, comerciantes, cambistas, ourives, padeiros, pedreiros, escrivães, etc. Até mesmo os professores e alunos formavam uma corporação, que ficou conhecida como universidade. No documento abaixo, escrito entre 1154 e 1162, testemunhamos o nascimento de uma:

> *[...] Sabei que concedi licença aos tecelões de Londres para terem a sua guilda em Londres, com todas as liberdades e costumes que tinham no tempo do rei Henrique, meu avô. E assim, que ninguém dentro da cidade se intrometa neste ofício salvo por permissão dos [tecelões], a não ser que pertença à guilda, [...] Por isso quero e ordeno firmemente que eles possam praticar legalmente o seu ofício em toda parte e que possam ter todas as coisas acima mencionadas, tão bem, pacífica, livre, honrada e inteiramente como sempre as tiveram no tempo do rei Henrique, meu avô. Assim, paguem-me sempre em cada ano 2 marcos de ouro pela festa de S. Miguel. [...]*
>
> (*Monumenta Gildhallas Londoniensis, Liber Custumarum,* ed. Henry Thomas Riley, apud. F. Espinosa, op. cit., p. 219.)

O acesso a uma corporação exigia que o interessado passasse por um processo de formação, frequentando como aprendiz a oficina de um mestre no ofício, sendo que no final da aprendizagem tinha que demonstrar competência na carreira escolhida. Muitas exigiam que o aprendiz apresentasse uma obra-prima, que, após ser apreciada, dava-lhe ingresso no seio dos especialistas. Tal sistema é conservado até hoje na universidade, na qual o aluno de mestrado tem que apresentar uma tese, sua obra-prima, para atingir o grau de mestre. No documento seguinte, de 1430, encontramos a admissão de um novo mestre:

Ouvida a petição de Henry de Herelle, natural do país da Holanda, e depois de Jehan De Serain, Richard Jumel, Guillaume Marchant e Guillaume Poignant, jurados do mister [ofício] dos costureiros da cidade de Paris testemunharem e afirmarem ser o dito Henry homem casado, de vida séria, afamado e instalado em Paris e ter feito perante eles da maneira acostumada, na presença do procurador do rei, a sua obra-prima, recebemo-lo e recebê-lo-emos mestre e obreiro do dito mister de costura e alfaiataria, para o fazer e desempenhar segundo as ordenanças do dito mister, pagando dez soldos [parisienses] ao rei e o direito dos ditos jurados [...]

(Apud Jacques Heers, *O trabalho na Idade Média*, p. 124-5.)

Rua ladeada de lojas. Pormenor de uma miniatura de Le Governement des Princes, de Frère Gilles, fim do século XV.

Ofícios urbanos: alfaiates, barbeiro, venda de panos. (Fonte: R. H. Bautier, A economia na Europa medieval.*)*

Diferenças entre senhores feudais e burgueses

O desenvolvimento da civilização urbana modificou radicalmente toda a história da Europa medieval, alterando as ideias e os costumes, favorecendo maior liberdade e tolerância, tornando as cidades centros de discussões de novas teorias e conhecimentos e modificando o direito, que teve de se adaptar aos novos tempos. A atividade comercial e manufatureira trouxe o progresso para muitas delas, elevando o nível de bem-estar das populações e dando nascimento a uma nova classe social, que iria ter uma longa história, a burguesia.

A nascente burguesia, filha do renascimento comercial e urbano, inevitavelmente iria entrar em choque com a aristocracia dos senhores feudais que dominavam a sociedade naquela época, já que possuía interesses e ideologia totalmente diferentes. Mas, apesar dos conflitos e das ameaças, ela não conseguiu se impor como classe dominante durante o período medieval, processo que só veio a ser atingido muitos séculos depois, após a Revolução Francesa e a Revolução Industrial.

Um dos primeiros contrastes entre as duas classes sociais era a concepção a respeito da riqueza, com a nobreza caracterizada por gastos perdulários, despesas imensas com construções, festas, torneios, presentes para seus protegidos, administração ruinosa das suas propriedades. A riqueza para um senhor feudal era para ser dissipada e gasta com os seus dependentes, sendo a sua importância social proporcional ao número de amigos, familiares e vassalos que possuía. Já a burguesia era conhecida pela sua avareza, pela preocupação em poupar e investir lucrativamente as riquezas adquiridas, por administrar zelosamente os seus bens. De forma crítica, um burguês de Siena via assim os gastos desnecessários da nobreza:

> *[...] Concede hospitalidade frequentemente por cortesia, age como avalista das dívidas dos amigos, [...] arma conspirações, processos, visitas às cortes, prepara casamentos, faz amor com as mulheres, joga dados, [...] toma empréstimos com usura, caracteriza-se pela glutonaria, bebedeira, brigas violentas e descuido com a propriedade familiar. [...]*
>
> (*Buoncompagno di Sigma*, apud J.H. Mundy, *Europe in the high middle ages [1150-1309]*, p. 255.)

Do ponto de vista da aristocracia e do clero, vejamos agora uma apreciação feita por um prolixo autor catalão, que viveu entre 1235 e 1315, ridicularizando os burgueses:

> *[...] Quase todos os artesãos e comerciantes querem ser burgueses, ou desejam que os seus filhos o sejam. Mas deveis saber que não há ofício mais perigoso que a condição de burguês e a que seja mais rápida [...] Nenhum*

homem tem uma vida tão curta como o burguês. E sabeis por quê? Porque ele come muito e não faz muito exercício [...] Nenhum homem incomoda tanto a seu amigo como o burguês pobre, e em nenhum homem a pobreza é tão vergonhosa como no burguês. Ninguém desfruta de tão poucos méritos ao fazer a caridade como um burguês. [...]

(Ramon Llull. *De doctrina puerili,* apud J.H. Mundy, op. cit., p. 249.)

A usura

Nas atividades comerciais e bancárias desenvolvidas pelos burgueses, estes inevitavelmente tiveram que lançar mão dos empréstimos com juros, que era uma operação financeira como qualquer outra dentro do seu ramo de negócios. Mas essa não era a opinião da Igreja, apesar de, com o passar dos séculos, ter mudado seu conceito a respeito do tema. A sua proibição vinha desde o Velho Testamento, como podemos ler nesta passagem:

[...] Não exigirás juro algum do teu irmão, quer se trate de dinheiro, ou de gêneros alimentícios, ou do que quer que seja que se empreste a juros. Poderá exigi-lo do estrangeiro, mas não do teu irmão, para que o Senhor, teu Deus, te abençoe em todas as tuas empresas na terra em que entrarás para a possuir. [...]

(Deuteronômio, 23:19-20.)

Isso explica, por exemplo, por que os judeus se dedicaram tanto ao pequeno empréstimo com juros, atraindo para si a ira dos devedores, já que eram considerados estrangeiros e seguidores de outra religião, não sendo atingidos, portanto, pelas normas e legislação dos fiéis da Igreja católica.

Um intelectual cristão, do início do século XIII, manifestou-se assim a respeito do tema:

[...] Assim, deverão ser afastados todos os usurários, todos os rebeldes e ladrões; dessa forma irá florescer a caridade e a construção das igrejas será retomada; assim tudo voltará novamente à antiga forma. [...]

(Robert de Courçon, *O tratado de usura,* p. 175.)

A questão da riqueza material

Além da usura, a própria noção da riqueza não foi bem-vista pela Igreja durante muito tempo, fundamentando-se nos evangelhos que pregavam a dificuldade de os ricos alcançarem o reino do céu. A consciência pesada de muitos burgueses que se tinham enriquecido foi um verdadeiro benefício para a Igreja, pois muitos, para a salvação das suas almas, fizeram-lhe, antes de morrer, polposas doações. Em centenas de testamentos encontramos, por toda a Europa, doações de bens móveis e imóveis a catedrais, mosteiros e hospitais.

A construção de várias das maravilhosas igrejas góticas existentes em muitas partes da Europa só foi possível graças aos grandes donativos feitos pelos burgueses, como no caso conhecido da Notre Dâme de Paris. No seguinte sermão vemos claramente expressa a tática da Igreja para obter recursos materiais:

> *[...] Agora, ó homens prósperos, aviso-lhes que Deus deseja que os ricos sejam os pais dos pobres. Lembrai-vos que vieram nus ao mundo e que nus o deixarão. E desde que deveis deixar vossas riquezas para outros, apresseis agora a acumularem tesouros celestiais através dos pobres... Embelezai as igrejas com livros, paramentos e outros ornamentos, aumentai as prebendas* dos servidores de Deus, [...] construí pontes e estradas, preparando assim vosso caminho para o céu, e providenciai alojamento, alimento e roupas para os pobres e enfermos, pois agindo assim estareis adquirindo riquezas eternas para vós mesmos. [...]*
>
> (Honorius de Regensburg, *Espelho da Igreja. Sermão geral,* apud J.H. Mundy, op. cit., p. 180.)

Mas com o passar do tempo a Igreja foi revendo suas posições, adaptando-se à nova realidade que se impunha, até mesmo pelo fato de ela ter se tornado uma das instituições mais ricas da sociedade medieval. Vários mosteiros praticavam abertamente o empréstimo com juros e a ordem dos templários*, por exemplo, tornou-se uma potência bancária.

As festas urbanas

Diferentemente do mundo contemporâneo, capitalista, no qual o trabalho e a produção constituem fatores muito importantes, sobrando pouco espaço para a distração e o lazer, a sociedade feudal desfrutava de uma quantidade considerável de tempo disponível para festas e divertimentos. Numa civilização tão marcada pelo fenômeno religioso, havia dezenas de dias festivos dedicados aos santos e santas, aos patronos das cidades, aos protetores das diversas corporações, além dos dias dos ciclos da Páscoa, do Natal, da Semana Santa, da Quaresma, etc.

Outro conjunto de festividades, misturando aspectos religiosos e profanos, era formado pela *festa dos loucos, do burro, do bispinho dos inocentes e da nave dos loucos*. Tais festas, marcadas pelo espírito carnavalesco, caracterizam-se pela alegria, pelos exageros, pela dissolução dos costumes, pelo grande consumo de comida e bebida, pela inversão dos papéis sociais, pelo desaparecimento temporário da hierarquia social.

Na festa do bispinho dos inocentes, por exemplo, um menino se fantasiava de bispo e realizava dentro da igreja uma cerimônia cômica que terminava após um sermão cheio de piadas, brincadeiras e desrespeitos à religião. Sobre tais festas assim se manifestou um concílio espanhol de 1475:

> *[...] Como existe um antigo costume nos templos metropolitanos, catedrais e outras igrejas de nossa província, de que, por exemplo, na festa de Natal, Santo Estêvão, São João, festa dos Inocentes e em outros dias determinados, como também nas solenidades das missas novas, enquanto se celebram os ofícios divinos, se executam comédias, danças burlescas, grandes espetáculos e muitas outras diversões desonestas de distintos gêneros; e igualmente de que haja alvoroço, se recitem versos torpes e discursos burlescos, de modo que estorvam a celebração do culto divino e tiram a devoção do povo: Nós, com a aprovação do sagrado concílio, revogando semelhante abuso, proibimos todas essas coisas. [...]*
>
> (*Concílio de Aranda.*)

Centros de diversão

Todas as cidades medievais possuíam inúmeras tavernas, onde os homens se encontravam para beber, trocar ideias e se esquecerem das tarefas cotidianas. Eram também muito difundidas por toda a Europa as casas de jogos, principalmente de dados. Como seus proprietários não eram muito honestos e os jogadores ficavam enfurecidos quando perdiam, tais locais, conhecidos na Península Ibérica como *tafularias*, eram antros de perturbação da ordem e locais de constantes pancadarias.

Mas como podemos ver numa lei do rei D. Afonso X, de Castela, da segunda metade do século XIII, a preocupação do governo, e da Igreja, ia além do simples interesse em estabelecer a ordem:

> *[...] se um homem que não for fidalgo jogar os dados e descrer, pague na primeira vez uma multa de seis maravedis* de ouro, na segunda doze e na terceira vez que lhe cortem dois dedos da língua, de forma atravessada; e se não tiver dinheiro com que pagar as multas acima, na primeira vez receba trinta açoites, na segunda cinquenta e na terceira que seja cortada sua língua na forma acima; sobre os jogadores de dados que não possuem outro ofício, e que vivem e se protegem nas tafularias, quando descrerem e não tiverem com que pagar as multas acima, recebam na primeira vez trinta açoites, e na segunda cinquenta, e que lhes façam dizer: Senhor Deus e Santa Maria, creio em vós e em vós confiamos; na terceira vez que lhes cortem a língua da forma descrita acima; o judeu ou mouro que jogar os dados e descrer, dizendo mal de Deus, da Santa Maria e de outros santos, não escapem da pena acima, e que sejam presos e tenham todos os seus bens confiscados pelo rei, que fará deles o que achar por bem.*
>
> (Alfonso el Sabio. 'Ordenamiento de las tafurerias', *Opúsculos legales del rei Don Alfonso el Sabio*, p. 216-17.)

No seguinte documento, do século XIII, extraído de um conjunto de leis do mesmo rei, D. Afonso X, encontramos uma descrição interessante das ações dos jogadores e de outros malfeitores num dia de feira numa cidade espanhola:

> *[...] Das trapaças feitas pelos homens nos jogos, utilizando dados falsos; e das brigas organizadas nas feiras, ou nos mercados, para roubar algo. Jogos trapaceados fazem às vezes homens nestes locais, enganando aos moços e aos habitantes inocentes das aldeias; [...] Outros homens levam serpentes, jogando-as diante das pessoas nos mercados e nas feiras, espantando com elas as mulheres e os homens, que deixam desprotegidas suas mercadorias; eles vêm acompanhados de ladrões que furtam as mercadorias, enquanto as pessoas estão ocupadas em recolher as serpentes. Há outros que combinam*

de realizar brigas, utilizando facas uns contra os outros, fazendo com que as pessoas fiquem distraídas das suas mercadorias; enquanto isso, seus companheiros, sabedores da trapaça, furtam e roubam muitas coisas das pessoas que se aproximam daquele local. Ainda há outros que tomam pão quente, mergulham-no num vinagre bem vermelho, colocando-o depois para secar; quando está bem seco, vão para as aldeias e fingem que são religiosos ou santos, colocando aquele pão na água diante dos ignorantes, que se torna vermelha como da cor do vinagre que usaram; com esse engano os aldeões acreditam que a água se torna em vinho por virtude deles: enganados dessa maneira, dão-lhes muitas coisas, acreditando neles e pensando que são santos e bons, levando-os para suas casas, onde os trapaceiros furtam tudo quanto podem. [...]

(Alfonso el Sabio, *Las siete partidas.*)

A preocupação com a higiene pessoal não era uma característica do homem medieval, que nisso diferia muito dos antigos gregos e romanos, que sempre frequentavam os banhos públicos, ou termas, coisa também frequente entre a população muçulmana. Mas mesmo assim muitas cidades possuíam seus banhos públicos, como Paris, que em 1292 contava com 26. Um fator que talvez impedisse a frequência a esses estabelecimentos era a sua má fama, pois muitas vezes estavam associados a locais de prostituição. Na carta foral de uma cidade do norte da Espanha, escrita em 1297, encontramos a seguinte lei a respeito desses locais:

Do banho e de como deve ir cada um. Os homens devem ir juntos nas terças, quartas e sábados. As mulheres devem ir nas segundas, quintas e domingos. Os judeus devem ir nas sextas-feiras. Cada um, seja homem, mulher, judeu ou cristão, não pague mais do que uma meaia (moeda de baixo valor). Os serventes, sejam de homens ou mulheres, e as crianças não devem pagar nada. O juiz, o prefeito e seus oficiais não devem pagar nada.

(*Fuero de Plasencia*, Lei 439.)

Para zelar pelo bom comportamento do local, uma lei da mesma carta estabelecia o seguinte:

Lei segunda. Se o homem entrar no banho nos dias das mulheres, pague uma multa de 10 maravedis. Se enquanto as mulheres se banham, algum homem espreitar por alguma janela, deverá pagar uma multa de 10 maravedis.

Contudo, se alguma mulher entrar, ou for encontrada de noite no banho, nos dias dos homens, e daí advir alguma discórdia, sendo ela violada ou ferida, o homem não deverá pagar nada, nem se tornar seu inimigo. O homem que nos dias das mulheres violar ou desonrar algumas delas será enforcado.

(Idem, Lei 440.)

Entre os vários artistas que frequentavam as cidades apresentando suas habilidades, alguns dos mais importantes eram os *jograis*. Nas praças e ruas eles cantavam músicas e canções de gesta, narravam novelas famosas e declamavam poesias. Como a maioria da população era analfabeta, somente através da sua voz ela tinha acesso às obras literárias compostas naquele período, divertindo-se com as façanhas de heróis e heroínas, com os personagens das fábulas e contos.

Os excluídos

As cidades medievais foram palco, durante alguns períodos, de sérios conflitos advindos dos interesses contrários das suas classes sociais. Mas, além desse antagonismo de classes, vários grupos minoritários se recusaram a se sujeitar à ordem estabelecida e outros não conseguiram espaço na sociedade devido a diferenças religiosas, tipo de vida que levavam e enfermidades que possuíam.

Esses grupos, formados por judeus, mouros, hereges, leprosos, homossexuais e prostitutas, que viviam na periferia da sociedade, sofreram, a partir dos finais do século XII, uma forte repressão, que durou até a época moderna. Uma razão para tal fato era de fundo religioso, pois vários desses grupos não faziam parte da "comunidade de fiéis", assim definida pela Igreja em 1215:

Todos os fiéis, de ambos os sexos, que tenham alcançado o uso da razão, confessarão fielmente todos os seus pecados pelo menos uma vez ao ano a seu vigário e realizarão a penitência imposta com toda diligência, recebendo com reverência, ao menos na Páscoa, o sacramento da Eucaristia, a menos que, acidentalmente, segundo opinião do vigário, por uma boa razão possam abster-se por um tempo de recebê-la; de outra forma será afastado da Igreja por toda a vida e será privado de enterro cristão quando da sua morte.

(*Quarto Concílio de Latrão*, apud R.I. Moore,
La formación de una sociedad represora, p. 15.)

Um dos grupos que primeiro sofreu perseguição era constituído pelos judeus, sobre quem recaía a culpa de terem sido os assassinos de Cristo. Além disso, eles não contavam com a simpatia da população por se dedicarem, entre outras atividades, ao empréstimo com juros – a usura.

As perseguições tiveram início nos anos de 1010-1012, quando vários ataques foram realizados contra eles em algumas cidades do norte da França e da Alemanha, após um rumor de que o Santo Sepulcro em Jerusalém tinha sido saqueado. Mais graves foram os massacres feitos na rota da primeira cruzada, em 1096. Nas palavras de uma testemunha do ataque à cidade de Rouen, no leste da França, os cruzados:

> *[...] juntaram os judeus em certo local de culto, levantando-os seja pela força, seja mediante alguma trapaça, e sem distinção de idade ou sexo, foram passados pela espada. Contudo, aqueles que acreditaram o cristianismo escaparam ao assassinato.[...]*
>
> (Guibert of Nogent, *Self and society in twelfth century France. The memoirs of Abbot Guibert of Nogent*, p. 135.)

A tradição de golpear um judeu diante de uma igreja, no domingo de Páscoa, parece ter começado no início do século XI, no sudoeste da França. No Brasil esse terrível costume, atenuado pela substituição do judeu por um boneco – a malhação de Judas –, ainda sobrevive em muitos locais.

Outro grupo sobre o qual recaía repressão e segregação era o formado pelos leprosos. Além do perigo do contágio, a enfermidade estava associada, desde a Antiguidade, aos pecados sexuais. Acreditava-se, por exemplo, que a mulher que mantivesse relação sexual durante a menstruação teria um filho leproso. Como vemos numa resolução da Igreja, adotada em 1179, o destino dos enfermos era terrível:

> *[...] Proíbo-te, para sempre, entrar numa igreja ou mosteiro, feira, oficina, mercado, ou companhia de pessoas. Proíbo-te, para sempre, deixar tua casa sem tua roupa de leproso. Proíbo-te lavar tuas mãos ou algo teu na corrente ou na fonte. Proíbo-te entrar numa taverna. Proíbo-te, se vais pelo caminho, e encontras a alguém, que lhe fale, e não colocar-te a favor do vento antes de responder. Proíbo-te ir por um caminho estreito, de forma que, se encontrasses alguém, pudesse contrair de ti a enfermidade. Proíbo-te tocar*

as crianças ou dar-lhes algo. Proíbo-te comer ou beber em companhia, a não ser de leprosos.

(*Terceiro Concílio de Latrão*, apud R.I. Moore, op. cit., p. 74.)

Num famoso romance da época, encontramos claramente expressa a crença de que a lepra estava associada às relações sexuais. Isolda, esposa do rei Marcos, cometeu adultério mantendo relações com Tristão e foi por isso condenada a morrer na fogueira. No dia do suplício, antes de começar a cerimônia, Ivan, o líder de um grande grupo de leprosos, dirigiu-se ao rei dizendo que esse castigo era muito rápido, pois Isolda morreria em poucos instantes, e tinha uma proposta melhor:

[...] Senhor, dir-te-ei então rapidamente o que penso. Vê, tenho aqui cem companheiros. Dá-nos Isolda e que ela nos pertença a todos! A doença excita-nos o desejo. Dá-a aos teus leprosos. Nunca uma dama terá tido pior fim. Vê, os nossos farrapos estão colados às nossas chagas supurantes. Ela, que junto a ti gozava os ricos tecidos forrados de pele, as joias, as salas revestidas de mármore, ela, que gozava os bons vinhos, as honrarias, a alegria, quando vir a corte dos seus leprosos, quando tiver de entrar nas nossas choupanas e deitar-se conosco, então Isolda, a Bela, a Loura, reconhecerá o seu pecado e terá saudades desta bela fogueira de espinhos! [...]

(*Tristão e Isolda*, apud Jacques Le Goff, *A civilização do Ocidente medieval II*, p. 77.)

O rei pensou por uns instantes e concordou com a ideia, dando-lhes Isolda, que foi conduzida em tumulto para fora da cidade. Por sorte Tristão consegue salvá-la, fugindo os dois para a floresta.

Expulsos do convívio social, os leprosos eram enviados para centros especiais, como este perto de Canterbury, na Inglaterra:

[...] Fora da porta oeste da cidade, mas muito longe da porta norte, no lado inclinado da colina, foram construídos uns edifícios de madeira destinados ao uso dos leprosos. Aqui também, como em todos os locais, se mantiveram os homens separados, não se lhes permitindo relacionar-se com as mulheres. Esses leprosos tinham tudo o que necessitavam, segundo a natureza da sua enfermidade, obtido através de seus próprios

recursos, e para esse serviço foram designados homens de tal caráter que, fossem quais fossem suas opiniões, ninguém discutiria sua habilidade, bondade e paciência [...]

(Eadmer. *História Novarum*, apud R.I. Moore, op. cit., p. 68-9.)

Mas o grupo mais numeroso dos excluídos era formado pelos hereges das mais variadas denominações, que alcançaram uma grande penetração na sociedade feudal. Maiores informações sobre eles trará o capítulo seguinte, dedicado à Igreja.

Constatamos, portanto, que o desenvolvimento urbano da Idade Média deu surgimento a uma sociedade dinâmica e inovadora, cheia de contrastes, que alterou radicalmente toda a história daquele período.

CAPÍTULO 5

Fortalecimento da cristandade

A igreja, como toda a sociedade da Alta Idade Média, sofreu as consequências das invasões germânicas, das guerras, da desorganização da estrutura econômica, do esfacelamento do poder político, do estancamento do avanço da cultura intelectual. Somente a partir do fim do século X é que esse panorama começa a ser alterado.

A renovação monástica

Uma das instituições mais importantes da Igreja durante a Idade Média foi o *monasticismo*, que era o conjunto de comunidades de religiosos que viviam sob determinadas regras, levando uma vida de oração – o *opus Dei* – e de trabalho. Encontramos sua origem no Egito, propagando-se depois noutras partes do Oriente e do Ocidente. A ordem que alcançou maior difusão na Europa foi criada por São Bento (ou Benedito) – daí beneditinos –, no início do século VI, na Itália.

Os monges auxiliaram a Igreja no seu processo de conversão dos pagãos e na difusão do cristianismo, tendo prestado também uma contribuição notável do ponto de vista cultural. Como eles tinham que ler e estudar, desenvolveu-se em alguns mosteiros toda uma estrutura para a elaboração de livros, que eram feitos pelo trabalho dos copistas e desenhistas de iluminuras*. Deve-se a esse trabalho dos monges a preservação de inúmeras obras da Antiguidade greco-romana, que, do contrário, teriam desaparecidos para sempre.

Com o surgimento do feudalismo, no fim da Alta Idade Média, muitos mosteiros passaram a girar na órbita do poder dos grandes senhores que intervinham constantemente nos seus assuntos, perdendo muito da função que tinham originalmente. A ordem monástica dos beneditinos teve uma reforma profunda no início do século X, quando o Duque Guilherme, o Pio, da Aquitânia, fundou a abadia de Cluny, na Borgonha, leste da França, em 910, deixando claros seus objetivos:

> *[...] Dou com a condição de que seja construído em Cluny um mosteiro regular, em honra dos Santos Apóstolos Pedro e Paulo; que aí formem uma congregação de monges vivendo sob a regra de São Bento; que a possuam para sempre, detenham e governem, de tal maneira que este venerável domicílio esteja incessantemente cheio de votos e preces; [...] Foi de nosso agrado registrar neste testamento que deste dia em diante os monges unidos na congregação de Cluny fiquem por completo libertos do nosso poder, do dos nossos parentes e da jurisdição da real grandeza, e nunca se submetam ao jugo de qualquer poder terreno, nem ao de nenhum príncipe secular, conde ou bispo, nem ao do pontífice da Sé Romana, mas apenas a Deus [...]*
>
> (Apud F. Espinosa, op. cit., p. 285.)

Sobre a expansão dos mosteiros controlados por Cluny, assim escreveu o monge Raul Glaber, que viveu entre 985-1050:

> *[...] Diz-se que a princípio esse mosteiro não teve por dote mais do que quinze colônias* de terra; conta-se mesmo que os irmãos que aí se reuniram não eram em número superior a 12. Depois, graças a essa ótima semente, a estirpe do senhor dos exércitos multiplicou-se e tornou-se sem número, pois é sabido que ocupou uma grande parte do globo. [...] Conseguiu tão bem propagar a instituição que, da província de Benavente na Itália até ao oceano na Gália, todos os mosteiros mais importantes consideravam uma honra submeter-se à sua obediência. [...]*
>
> (Apud F. Espinosa, op. cit., p. 286.)

A reforma gregoriana

Após ser regida durante séculos por dirigentes destituídos de poder e de energia para promover mudanças, a Igreja encontrou no papa Gregório VII, eleito em 1073, um líder disposto a romper com a indiferença em que se encontrava. Desde a metade do século XI um grupo de dirigentes eclesiásticos, liderado pelo então bispo Hildebrando, o futuro Gregório VII, lançou um movimento que ficou conhecido como *Reforma Gregoriana*, cujo objetivo era concentrar nas mãos do papado o direito de nomear os seus próprios membros, como bispos e cardeais, extinguir a *simonia*, que era a compra de cargos religiosos, instaurar o celibato para os membros do clero e realizar uma mudança nas estruturas da Igreja.

A reação da Igreja vinha das suas desavenças com os grandes senhores feudais. Desde o final do Império Carolíngio eles controlavam as igrejas que ficavam dentro do seu feudo, apossando-se dos seus dízimos e rendas, indicando clérigos e bispos.

Uma maneira de uma família feudal demonstrar poder era criar e possuir um mosteiro, como forma de estar mais próxima da divindade e de aproveitar os monges para redigir os documentos e administrar seus bens. Numa escala muito maior estava o imperador do Sacro Império Romano-Germânico, que se sentia no direito de se intrometer nas questões religiosas. Por isso a Reforma Gregoriana representou também um conflito entre o Estado e a Igreja.

Os princípios da liderança pontifical estão claramente expressos num famoso documento de Gregório VII, escrito em 1075, do qual extraímos alguns capítulos:

> *I. Só a Igreja romana foi fundada pelo Senhor. II. Só o pontífice romano tem o direito de ser chamado universal. III. Só ele pode absolver e depor os bispos. VIII. Só ele pode usar as insígnias imperiais. IX. O papa é o único homem a quem todos os príncipes beijam os pés. XII. É-lhe permitido depor os imperadores. XIII. É-lhe permitido transferir os bispos de uma diocese para outra, segundo a necessidade. XVIII. Sua sentença não deve ser reformada por ninguém e só ele pode reformar a sentença dos demais. XIX. Não deve ser julgado por ninguém. XXI. As causas maiores de toda a Igreja devem resolver-se diante dele. XVII. O papa pode dispensar os súditos do juramento de fidelidade feito aos injustos. [...]*
>
> (Apud Miguel Artola, *Textos fundamentales para la história*, p. 95-6.)

A reação do imperador do Sacro Império, Henrique IV, foi convocar um sínodo em Worms, na Alemanha, no ano seguinte, formado por bispos alemães e italianos, no qual depuseram o papa. Este reagiu energicamente, como vemos em seguida:

> *[...] retiro o governo de todo o reino dos Germanos e da Itália ao rei Henrique (IV) filho do imperador Henrique (III), porque ele ergueu-se contra a tua Igreja com uma inaudita soberba. E liberto todos os cristãos do juramento de fidelidade que lhe tiveram feito [...]*
>
> (*Concílio Romano III*, apud F. Espinosa, op. cit., p. 290.)

O conflito entre os dois poderes ficou parcialmente resolvido algumas décadas depois, através da *Concordata de Worms*, assinada em setembro de 1122. A Reforma Gregoriana libertou a Igreja da ingerência arbitrária e constante dos senhores feudais, deu uma nova dimensão ao papado, que emergiu fortalecido do conflito.

As peregrinações

Durante os primeiros séculos da sociedade feudal, uma instituição da Igreja levou milhões de fiéis a se movimentar por toda a Europa e Oriente Próximo, para visitarem alguns centros religiosos como forma de penitência, pagamento de uma promessa ou pedido de alguma graça a Deus, à Virgem ou aos santos; eram as *peregrinações*.

Os três centros que mais atraíram peregrinos foram Roma, Jerusalém e Santiago de Compostela. O afluxo de fiéis para este último, localizado na Galiza, noroeste da Espanha, cidade onde teria sido enterrado o apóstolo São Tiago, foi tão intenso durante o século XII que levou um clérigo francês a escrever um guia para os peregrinos, informando sobre as melhores rotas, hospedagem, locais onde havia água potável, perigos a serem evitados e outros detalhes.

Depois de dar algumas informações sobre o território de Castela e Leão, o guia descreve assim a Galiza:

> *[...] Vem depois a terra dos galegos, passados os confins de Leão e os portos dos montes Irago e Cebrero. É uma terra frondosa, com rios, prados, de extraordinários jardins, boas frutas e claríssimas fontes; porém escassa em cidades, vilas e terras cultivadas. É escassa de pão, trigo e vinho, porém*

abundante em pão de centeio e sidra, bem abastecida em gado e cavalos, em leite e mel, e em peixes do mar, grandes e pequenos; rica em ouro, prata, tecidos, peles selvagens e outras riquezas, até muito abundante em valiosas mercadorias sarracenas. Os galegos são um povo que, entre os demais povos incultos da Espanha, mais se parecem a nossa nação gaulesa, se não fosse por serem muito irados e brigões. [...]

(*Guía del peregrino medieval*, p. 38-9.)

As cruzadas

Entre os movimentos mais conhecidos da Idade Média estão as cruzadas, que foram, originalmente, expedições organizadas pela Igreja, contado com o apoio dos dirigentes políticos das principais monarquias feudais, para retomar a Terra Santa, que tinha caído em poder dos turcos. A ideia inicial da cruzada foi pregada no Concílio de Clermont, em 1095, e o seu alcance foi imediato, pois no ano seguinte foi organizada a primeira expedição.

Apesar de a motivação religiosa ter sido a origem das cruzadas, ela foi rapidamente suplantada pelos interesses econômicos e sociais. Além disso, a Igreja desde o início viu no movimento uma maneira de desviar a violência dos guerreiros feudais, canalizando suas energias para uma obra de interesse comum para toda a cristandade. Em vez de os senhores feudais passarem todo o tempo lutando entre si e causando devastações nos seus domínios, era mais vantajoso concentrar tais pendores guerreiros para fora da Europa, liberando-a de uma violência crônica. E isso de fato ocorreu, principalmente a partir do momento da adoção da primogenitura no século XI, quando os filhos segundos das famílias feudais passaram a ser afastados do seu seio, encontrando nas cruzadas uma forma de adquirir prestígio e riquezas.

Tais motivações são claramente expressas por um cronista anônimo de Würzburg, por ocasião da segunda cruzada, em 1147:

[...] Porém, as intenções dessas várias pessoas eram diferentes. Algumas, na realidade, ávidas de novidade, iam para saber coisas sobre novas terras. Outras eram levadas pela pobreza, por estarem em situação difícil na sua casa; esses homens foram para combater, não apenas os inimigos da Cruz de Cristo, mas mesmo os amigos do nome cristão, onde quer que vissem a oportunidade de

aliviar a sua pobreza. Houve os que estavam oprimidos por dívidas para com outros, ou que desejavam fugir ao serviço devido aos senhores, ou que estavam mesmo esperando o castigo merecido pelas suas infâmias. [...]

(*Annales herbipolenses*, apud F. Espinosa, op. cit., p. 296-7.)

As cruzadas para o Oriente continuaram pelo século XIII e algumas delas também foram dirigidas para a Península Ibérica, para a reconquista do território ocupado pelos muçulmanos. Elas tiveram um impacto muito grande na economia europeia por abrirem novas rotas de comércio, desviar riquezas do Oriente para o Ocidente, possibilitar o contato dos europeus com as ricas e civilizadas cidades mulçumanas. Por outro lado, a violência e a ganância dos cruzados abriram um fosso entre Ocidente e Oriente, gerando uma intolerância mútua que perdurou por vários séculos.

As heresias

Outro fenômeno religioso de graves consequências para a Igreja foi o surgimento das *heresias*. Durante a Alta Idade Média ocorreram alguns movimentos esporádicos que não tiveram grandes repercussões, sendo rapidamente superados. Mas durante os séculos XII e XIII era outra a realidade imperante na Europa. O crescimento demográfico das cidades e as péssimas condições de vida e de trabalho da maioria da população levaram à eclosão de graves conflitos sociais; sendo assim, um fenômeno aparentemente de origem religiosa possuía conotações muito mais amplas. Isso é provado, por exemplo, pelo fato de grande parte das heresias conquistar seus adeptos entre os tecelões.

Foram dezenas as seitas heréticas que surgiram durante os primeiros séculos da Baixa Idade Média; entre elas podemos citar os *joaquinistas*, os *pseudoapóstolos*, os *beguinos* e *beguinas*, também conhecidos como Irmãos Pobres da Penitência da Ordem de São Francisco, os *arnaldistas*, que pregavam uma reforma de clara tendência político-social, os *flagelantes*, os *humilhados*, todas elas defendendo uma nova ética cristã e diferindo da Igreja na interpretação de algumas de suas doutrinas e dogmas. Devido ao grande número de seguidores e às repercussões que tiveram, iremos concentrar nossa análise nos *cátaros* e nos *valdenses*.

Uma das primeiras e mais importantes seitas heréticas medievais teve suas origens longínquas no Oriente, a partir da doutrina maniqueísta* e chegou à Europa no início do século XI, através dos Balcãs. Mais tarde alcançou a Alemanha Ocidental, a França, Flandres e o norte da Itália, tendo finalmente se concentrado no sul da França – no Languedoc* – e no norte da Itália, onde passaram a ser conhecidos como *cátaros* (= puros) ou *albigenses* (da cidade francesa de Albi, grande centro da heresia).

A doutrina cátara era dualista, isto é, acreditava que o bem e o mal tinham criadores diferentes. O mundo material era mau e tinha sido criado pelo diabo, e o mundo espiritual tinha sido criado pelo deus do bem. Os cátaros tinham uma igreja organizada e pregavam uma vida de pobreza em comunidade, tendo atraído milhares de seguidores que não aceitavam a riqueza e a opulência da Igreja católica.

Na primeira metade do século XIII os cátaros foram massacrados numa cruzada organizada pelo papa e pelo rei da França, que estava mais interessado na conquista do sul do país. Com o massacre destruiu-se também a rica e diversificada cultura provençal*, muito mais evoluída e requintada que a do norte da França.

A outra heresia que teve um forte apelo popular e que atraiu milhares de seguidores foi a dos valdenses. Diferentemente dos cátaros, não apresentava grandes divergências doutrinais, coincidindo com eles, por outro lado, em um violento anticlericalismo. Procurava seguir os ensinamentos de Cristo exatamente como pregavam os evangelhos, privilegiando a pobreza. Abaixo encontramos um claro perfil do seu líder e dos seus ensinamentos:

> *[...] A seita e heresia dos valdenses começou por volta do ano 1170 d.C. Seu fundador foi um certo cidadão de Lyon chamado Valdes ou Valdo, pelo qual eram conhecidos seus seguidores. Ele era um homem rico, que, depois de distribuir toda a sua riqueza, decidiu viver na pobreza e na perfeição evangélica, imitando os apóstolos. [...] O dito Valdes ou Valdo converteu várias pessoas, tanto homens como mulheres, a tais presunções e as enviou a pregarem como seus discípulos. [...] ensina que eles não estão sujeitos ao senhor papa, ao pontífice romano ou a qualquer prelado da Igreja romana, declarando que ela os tinha perseguido injusta e imerecidamente. [...] também ridiculariza as indulgências que são feitas e concedidas pelos prelados da Igreja, declarando que elas não têm valor. [...]*
>
> (Bernard Guy, *Manual do Inquisidor*, apud J.B Ross & M.M McLanghlin, *The portable medieval reader*, p. 202-6.)

Consideramos que as heresias da Baixa Idade Média representaram uma crítica aos desmandos e à opulência da Igreja católica, preocupada em acumular bens e distante da realidade da grande maioria dos seus fiéis, bem como um protesto popular contra as injustiças sociais sofridas pela maioria da população.

Outras formas de crítica à Igreja

A Igreja, durante o período feudal, tornou-se uma das maiores proprietárias de terras da Europa, detendo também a propriedade de muitos edifícios, joias, imensas quantias de dinheiro. A ganância de alguns membros do clero, a começar pelo papa, era proverbial, havendo inúmeras críticas contra esse procedimento. Um exemplo pode ser visto no documento seguinte, do século XII, através da sátira a um evangelho:

> *Início do santo evangelho segundo o marco de prata. Naquele tempo, o papa disse aos romanos: "Quando o filho do homem vier à Sé de Nossa Majestade, digam-lhe primeiramente: 'Amigo, por que vieste?' E se ele continuar a bater [à porta] sem nada lhe dar, que ele seja lançado fora, nas trevas". Aconteceu ter um pobre clérigo vindo à corte do senhor papa e suplicar, dizendo: "Tende piedade de mim, porteiros do papa, porque a mão da pobreza me tocou. Sou pobre e indigente. É por isso que vos imploro, vinde em auxílio à minha angústia e minha miséria". Estes, tendo-o ouvido, ficaram indignados e disseram: "Amigo! Que tua pobreza fique contigo para tua perdição! Vai-te, Satanás, tu não sabes nada do que pode o dinheiro. Amém, Amém! Eu te digo:*
>
> *'Tu não entrarás na glória de teu Senhor antes de ter dado tua última moeda'." E o pobre se foi, vendeu sua manta, sua túnica e tudo o que possuía, dando o dinheiro aos cardeais, aos porteiros e aos camareiros. Mas estes disseram: "O que representa isso para tanta gente?". E o que puseram à porta. E, expulso, ele chorou amargamente, sem encontrar consolo.*
>
> *Depois disso, veio à corte um clérigo rico, grande e gordo – mostrando-se com ostentação e exibindo riqueza –, que havia cometido homicídio durante uma revolta. Ele primeiro gratificou o porteiro, em segundo lugar o camareiro e em terceiro os cardeais. E estes combinaram entre si lhe tirar muito mais.*
>
> *Ao saber o senhor papa que os cardeais e os oficiais haviam recebido desse clérigo numerosos presentes ficou gravemente enfermo. O rico, porém, lhe*

enviou um frasco de ouro e prata com uma poção e o papa logo ficou curado. Então o senhor papa convocou seus oficiais e lhes disse: "Irmãos, tomem cuidado para que ninguém os seduza com vãs palavras. Dou-lhes o exemplo: da mesma maneira como tomo as coisas, tomem-nas também".

(Apud Jaccques Le Goff, *Os intelectuais da Idade Média*, p. 35-6.)

É muito conhecida na Idade Média a crença no poder milagroso das relíquias, fenômeno que foi incentivado pela Igreja. Elas eram objetos de verdadeiro comércio, e cada igreja, mosteiro ou capela fazia os maiores esforços para ter sua coleção. Como a procura por elas era muito grande, surgiram falsificações por todas as partes. É o que encontramos neste sermão satírico pregado por um monge desonesto com o objeto de enganar e explorar os fiéis.

[...] Tantas eram as relíquias que, querendo contá-las todas, não terminaria antes de caminhar muitas e muitas milhas. Ainda assim, a fim de que vocês não fiquem desapontados e desconsolados, vou contar-lhes algumas. Primeiramente, ele me mostrou o dedo do Espírito Santo, inteiro e firme como nunca o possa ter sido; também me mostrou o topete do serafim [anjo] que apareceu a São Francisco; e uma das unhas dos querubins [anjos]; [...] e inúmeros vestidos da Santa Fé Católica; e certos raios da estrela que surgiram aos três magos do Oriente; e uma ampola de suor de São Miguel, da época em que lutou contra o diabo; e o maxilar da morte de São Lázaro; [...] deu-me um dos [cravos] da Santa Cruz; igualmente deu-me, numa pequena ampola, um pouco do som dos sinos do templo de Salomão; deu-me, também, a pena do anjo Gabriel [...] e um tamancos usados por São Geraldo de Vilamagna [...] me deu também carvões com os quais foi [assado] o mártir beatíssimo São Lourenço. [...]

(Boccaccio, *Decamerão II*, p. 25.)

A inquisição

Para fazer frente à onda de heresias a Igreja contou com dois aliados poderosos: as *ordens mendicantes** e o *tribunal da inquisição.*

As ordens mendicantes, compostas de monges que viviam da caridade pública, surgiram nos grandes centros urbanos como forma de atingir suas populações, já que a maioria das outras ordens localizava-se longe desses centros, levando uma vida completamente isolada.

As mais atuantes foram a dos *franciscanos,* que chegaram até mesmo a ter problemas com a inquisição pela sua preocupação em levar uma vida de extrema pobreza, e a dos *dominicanos*, criada justamente para combater os cátaros. Levando uma vida despojada e junto à grande massa da população, os mendicantes puderam competir com os pregadores heréticos; sendo assim, foram habilmente controlados pela Igreja católica.

A outra instituição, de triste memória, foi o tribunal da inquisição, criado em 1198 pelo papa Inocêncio III para combater os cátaros e que depois se estendeu para atingir qualquer herético ou pessoa que não aceitasse a doutrina e os preceitos da Igreja. O tribunal era caracterizado pela forma truculenta, intolerante e sumária com que julgava os desvios em matéria de fé. As confissões muitas vezes eram obtidas sob tortura, tendo inúmeros heréticos sido condenados à morte. Sobre a tortura, assim se manifesta o terrível inquisidor aragonês Nicolau Eimeric:

> *[...] Pode-se torturar, conforme as decretais* de Clemente V [Concílio de Viena], desde que o decidam conjuntamente. Não existem regras concretas para determinar em que caso pode-se proceder a tortura. Na falta de jurisprudência específica, eis aqui sete regras orientadoras: 1. Tortura-se ao acusado que vacila nas respostas, e umas vezes afirma uma coisa e outras o desmente, ao mesmo tempo que nega os principais cargos da acusação. Em tal caso se supõe que o acusado oculta a verdade e que, fustigado pelos interrogatórios, se contradiz. [...] 2. O difamado, ainda que tenha contra ele somente uma testemunha, será torturado. [...] 3. O difamado contra o qual conseguiu-se estabelecer um ou vários indícios graves deve ser torturado. [...] 5. Aquele contra quem pesem vários indícios veementes ou violentos será torturado, mesmo que não conte com nenhuma testemunha de acusação. [...]*
>
> (Nicolau Eimeric & Francisco Peña.
> *O manual dos inquisidores*, p. 241-2.)

O Tribunal provou ser um instrumento poderoso na luta contra os hereges e cismáticos, mas comprometeu seriamente o papel da Igreja na sociedade, pois não havia forma de conciliar seu ideal de caridade, amor, justiça e respeito humano com a intolerância, o castigo indiscriminado, a crueldade, a injustiça característica da inquisição.

Finalmente, se as heresias não tiveram força bastante para modificar algumas estruturas da Igreja durante a Baixa Idade Média, elas lançaram as sementes que iriam germinar na Reforma protestante, que eclodiu no século XVI e assentou um profundo golpe na sua hegemonia.

Os primeiros séculos da Baixa Idade Média testemunharam o fortalecimento e a consolidação da Igreja católica, e o papado adquiriu um poder político tão grande quanto o dos monarcas europeus. Por outro lado, tornou-se também uma potência econômica, pela sábia administração dos seus bens, pelas inúmeras doações recebidas, pelos dízimos e demais taxas cobradas dos seus fiéis.

CAPÍTULO 6

Cultura intelectual

O desenvolvimento urbano e comercial ocorrido na Baixa Idade Média serviu de base para uma imensa transformação de toda sua cultura. O clima de maior liberdade, os contatos com povos e civilizações diferentes, as mudanças de mentalidades e de costumes alteraram completamente a civilização existente até então, caracterizada por um perfil marcadamente rural.

Com a urbanização tornou-se fundamental a criação de um novo tipo de escola, com currículos mais bem adaptados às suas necessidades. As novas questões legais e jurídicas levaram a uma alteração do direito, e as viagens e os contatos internacionais dos sábios e estudantes favoreceram a evolução da ciência.

Surgimento do intelectual

O renascimento urbano do século XII testemunhou o surgimento da figura do intelectual, isto é, um homem cuja profissão era escrever e ensinar. Esses intelectuais tinham consciência de viverem num mundo bem diferente daquele dos séculos passados e consideravam a si mesmos como modernos. Mas isso não impedia que muitos deles se voltassem para a cultura clássica, grego-romana, à procura de modelos e mestres, como Platão, Aristóteles, Euclides, Ptolomeu, Hipócrates, Galeno, Virgílio e muitos outros. Nas palavras de um deles:

> *[...] Somos anões empoleirados nos ombros de gigantes. Assim, vemos melhor e mais longe do que eles, não porque nossa vista seja mais aguda ou nossa*

estatura mais alta, mas porque eles nos elevam até o nível de toda a sua gigantesca altura. [...]

(*Bernardo de Chartres*, apud Jacques Le Goff, op. cit., p. 25.)

Nessa época os principais centros de ensino eram os mosteiros e as escolas localizadas nas catedrais, onde se empreendia o estudo das sete artes liberais, a saber: o *trivium* (gramática, dialética, retórica) e o *quadrivium* (aritmética, geometria, astronomia, música).

Através do contato com os árabes, que tinham realizado grandes avanços científicos, bem como traduzido várias obras antigas, os sábios europeus puderam ampliar seus conhecimentos sobre matemática, medicina, astronomia, filosofia, agronomia, alquimia. A cidade de Toledo, no centro da Espanha, há pouco reconquistada aos muçulmanos, tornou-se um grande centro de estudo, sendo célebre também pela quantidade de traduções nela feita. A cidade concentrava intelectuais de toda a Europa, e nela havia uma convivência pacífica e produtiva de sábios cristãos, muçulmanos e judeus. Na narrativa a seguir encontramos as impressões de um intelectual inglês sobre Toledo, após passar uma temporada em Paris.

[...] A paixão pelo estudo me afastou da Inglaterra. Fiquei algum tempo em Paris. Mas não vi senão selvagens instalados, com uma grave autoridade, em suas cátedras escolares. [...] Sua ignorância os forçava a uma atitude de estátua, mas eles simulavam mostrar sabedoria por meio do próprio silêncio. [...] Tendo compreendido a situação, pensei nos meios para escapar a esses riscos e me lançar às "artes" que esclarecem as Escrituras de outro modo que as saudando de passagem ou evitando-as por meio de atalhos. Como em nossos dias é em Toledo que são dispensados às multidões os ensinamentos dos árabes, [...] apressei-me em ali chegar para então escutar as lições dos mais sábios filósofos do mundo. [...]

(Daniel de Morley, apud Jaccques Le Goff, op. cit., p. 28.)

Os goliardos

Entre os intelectuais do século XII encontramos um grupo formado por estudantes pobres que viviam em constantes viagens de uma cidade para outra, conhecidos como goliardos. Essa vida de mudanças era devida tanto à curiosidade por conhecerem as melhores escolas e professores, como à dificuldade em terem uma residência fixa, pois não eram bem aceitos socialmente.

A comunidade urbana não via com bons olhos aquele grupo de jovens pobres, rebeldes, irreverentes, imorais, que faziam uma crítica feroz a todas as classes sociais, além de defenderem os prazeres do amor, da bebida, do jogo. A maior parte da obra poética e musical dos goliardos é anônima, devido às complicações que poderiam ter caso os autores fossem conhecidos. A cantiga abaixo é um resumo das aspirações de quase todos eles:

> *Devorado por dentro / com violenta amargura, / falo comigo mesmo: / sou feito de matéria, / de cinzas, / sou como uma folha / levada pelo vento.*
> *Se o sábio / tem o costume / de construir sua morada / sobre a rocha, / então sou um louco, / pois sou como a corrente que avança, / e cujo curso / jamais se detém.*
> *Sigo adiante / como um barco sem piloto, / como um pássaro vagando / pelos ares; / nada me detém, / nem chave nem grilhões; / procurando meus semelhantes, / junto-me aos miseráveis.*
> *Meu coração pesado / é difícil de suportar. / É agradável sorrir, / e mais doce que favo de mel. / Delicioso é o trabalho / que comanda Vênus, / que nunca habita / os corações entorpecidos.*
> *Meu caminho é longo / como minha juventude; / lançar-me-ei aos vícios, / esquecido das virtudes, / desejando mais os prazeres / que a salvação; / minha alma está morta, / só me importa a carne.*
>
> (Anônimo, *Carmina Burana.*)

Nesta outra cantiga encontramos um dos seus vários elogios ao amor, já que esses jovens não estavam dispostos a seguir as proibições da Igreja a respeito do seu comportamento sexual:

> *O amor está por toda parte, / prisioneiro do desejo. / Rapazes e moças / se unem como é correto. / Se uma jovem está sem namorado, / ela perde todos os prazeres, / pois mantém / em seu coração / uma noite profunda: / é uma coisa bem amarga.*
>
> (Idem, ibidem.)

Uma das figuras notáveis do ambiente dos goliardos, e símbolo da nova época, foi o francês Abelardo. Jovem e inteligente, percorreu vários centros escolares à procura de conhecimento, bem como para discutir e demolir os grandes mestres da época com os quais não concordava. Em Paris triunfa, mas conquista também a inimizade de vários colegas, contando, por outro lado, com o apoio entusiasmado dos seus alunos.

Além da vida intelectual agitada, Abelardo é conhecido também pelo romance pouco feliz que teve. Aos 39 anos, no auge da fama, conhece uma aluna de 17, bonita e inteligente. Ficam apaixonados fogem e têm um filho. Apesar de não estar muito inclinado ao casamento, já que isso poderia prejudicar sua vida intelectual e acadêmica, propõe unir-se a Heloísa. Nesta carta, que se encontra na autobiografia de Abelardo, ela expõe suas razões contra o matrimônio:

> *[...] Com efeito, que relação pode haver entre estudantes e criadas, escrivaninhas e berços, livros ou tabuinhas de escrever e uma roca, estiletes ou penas e fusos? Por fim, quem poderia, aplicando-se às meditações sagradas ou filosóficas, suportar o vagido das crianças, as cantarolas das amas que as embalam e a multidão barulhenta da família composta de homens e mulheres? Quem poderia também tolerar aquelas contínuas e desprezíveis sujeiras das crianças? Os ricos podem safar-se bem da situação, dirás, uma vez que os palácios ou vastas moradias possuem repartições e já que a sua opulência não sente as despesas nem se perturba com as preocupações cotidianas. Mas eu digo que a situação dos filósofos não é a mesma que a dos ricos, nem aqueles que se dedicam às riquezas ou se envolvem com as coisas profanas têm tempo para os deveres sagrados ou filosóficos. [...]*
>
> (Pedro Abelardo, *História das minhas calamidades*, p. 266.)

Mas, apesar dos argumentos em contrário, decidem casar em segredo. O tio dela deseja que a união se torne pública. Para escapar disso, Abelardo preparou um plano: mandou a esposa para um convento, disfarçada de religiosa. O tio, supondo que ele tivesse se separado da sobrinha, sentiu-se ultrajado e como vingança mandou castrar Aberlado. Daí a vergonha e a separação definitiva, cada um deles passando a viver num mosteiro.

As universidades

Uma grande evolução do ensino ocorreu no final do século XII, com a criação das universidades. Geralmente se dividiam em faculdades, que podiam chegar a um máximo de cinco: artes liberais, teologia, medicina, direito civil e direito canônico*. A primeira a ser criada foi a de Paris, seguindo-se depois as de Bolonha, Oxford, Cambridge, Pádua, Nápoles, Toulouse, Coimbra, Salamanca, Montpellier.

As universidades, conhecidas também como *estudos gerais*, foram assim definidas na segunda metade do século XIII por um famoso rei de Castela:

> *[...] Estudo é uma associação de mestres e escolares feita em algum lugar com a vontade e intenção de aprender os saberes. E dele existem duas maneiras: uma é a que chamam "estudo geral", na qual há mestres das artes, gramática, lógica, retórica, aritmética, geometria, música e astronomia, bem como mestres de decretos (direito canônico) e senhores das leis (direito civil); este estudo deve ser estabelecido por mandado do Papa, do Imperador ou do Rei. A segunda maneira é a que chamam "estudo particular", na qual um mestre ensina em alguma cidade, separadamente, a poucos escolares; e este pode ser feito pelo prelado ou pelo Conselho de qualquer lugar. [...]*
>
> (Alfonso el Sabio, op. cit.)

O ensino nas universidades esteve subordinado durante muito tempo a um método específico, a *escolástica*, cujo objetivo era encontrar Deus pela ciência; daí a suprema importância da teologia, da qual dependiam todos os outros ramos do conhecimento.

Mas durante o século XIII surgiram contestações a esse método, em virtude dos avanços do conhecimento científico, surgindo inclusive defensores da ciência experimental. Entre eles encontrava-se um frade franciscano e professor da Universidade de Oxford, na Inglaterra:

> *[...] Eu desejo agora esclarecer os princípios da ciência experimental, desde que sem experiência nada pode ser conhecido suficientemente. Há duas maneiras de adquirir conhecimento, a saber, pelo raciocínio e pela experiência. Raciocinar leva-nos a uma conclusão, e concordamos com essa conclusão, mas isso não a torna certa e nem remove a dúvida de que a razão possa se*

apoiar na intuição da verdade, a não ser que a mente descubra isso pelo caminho da experiência. [...]

(Roger Bacon, *Obra maior*, apud J.B. Ross & M.M. McLanghlin, op. cit., p. 626.)

A arte românica e gótica

Entre as magníficas realizações da cultura da Baixa Idade Média estão as catedrais românicas e góticas, muitas das quais ainda podem ser admiradas. O estilo *românico* dominou nos séculos XI e XII, principalmente nas igrejas de peregrinações, de amplas proporções, com várias naves* e capelas radiais para atenderem ao grande fluxo de fiéis. Caracterizaram-se também pelo grande uso de esculturas nos portais e capitéis*. Temos a seguir uma imagem da catedral de Santiago de Compostela, na Espanha, típico exemplo de arte românica, segundo K. J. Conant:

A arte *gótica* surgiu na França no século XII e alcançou seu apogeu no século seguinte. Caracterizou-se pela leveza das suas proporções e equilíbrio, apesar das suas grandes dimensões. Fez muito uso da luz proporcionada por grandes janelas, vitrais e rosáceas*, que dão às catedrais luminosidade e colorido inconfundíveis. Para suportar o peso e a altura das suas paredes laterais, os construtores muitas vezes tiveram que recorrer aos arcobotantes*.

Catedra Ideal, de Eugène Emannuel Viollet-le-Duc, 1830-1875.

Esboço da catedral de Notre-Dame feito pelo arquiteto revivalista suíço Eugène Emannuel Viollet-le-Duc. Ele quis mostrar como seria sua versão da catedral.

A literatura

Durante toda a Idade Média, e parte da Moderna, a língua culta utilizada pelos membros da Igreja e pelos intelectuais foi o latim, mas já a partir do século XI apareceram as primeiras obras nos idiomas românicos ou neolatinos. Esses idiomas surgiram do contato do latim com as línguas faladas pelos diversos povos conquistados pelos romanos, dando origem ao francês, espanhol, português, italiano, galego, provençal, catalão e romeno.

Na sociedade feudal a maioria da população, incluindo os nobres, era analfabeta; assim, a única forma pela qual a literatura podia ser difundida era a oral. Isto é, alguém tinha que ler, cantar ou recitar as obras para um público ouvinte. Por isso, grande parte da literatura, como canções de gesta, novelas e poesias, era escrita para ser ouvida e não lida; daí a grande importância dos jograis para a cultura daquela época.

Nas praças públicas ou nas cortes os jograis divertiam as pessoas cantando, narrando e recitando as obras compostas e escritas pelos mais variados autores. Eles tinham que ter uma memória prodigiosa para decorar todos esses textos; para se ter uma ideia da extensão de algumas obras, basta dizer que *A canção de Rolando* tem 3.998 versos.

A oralidade da literatura medieval pode ser exemplificada pela introdução de uma obra escrita na França, na segunda metade do século XII em que o autor deixa claro que a obra deveria ser escutada e não lida:

> *[...] Porém, falemos agora dos que foram, e deixemos os que estão vivos, porque parece-me que um homem cortês, mesmo morto, vale muito mais do que um vilão vivo. Por isso agrada-me contar umas façanhas muito dignas de serem escutadas, que tratam daquele rei tão exemplar, que se segue falando dele aqui e mais além destes reinos. [...]*
>
> (Chrétien de Troyes, op. cit., p. 1-2)

As primeiras obras literárias escritas nos idiomas românicos foram as *canções de gesta*, que refletiam o modo de vida e os ideais dos cavaleiros feudais, voltados basicamente para as atividades guerreiras, como por exemplo *A canção de Rolando,* escrita em francês, e *O Cid*, em espanhol. Desfrutaram também de muita difusão nas cortes feudais as chamadas *novelas de cavalaria*, que narravam os amores e as aventuras dos cavaleiros; um dos seus autores mais representativos foi o francês Chrétien de Troyes, que escreveu, entre outras obras, *O cavaleiro do leão* e *Eric e Enid.*

Outro gênero literário muito difundido foram as obras inspiradas na teoria do *amor cortês,* assim chamado por ter surgido nas cortes feudais e por isso mesmo requintado, fino, elaborado. Nas palavras de um intelectual francês que viveu na segunda metade do século XII, encontramos a seguinte ideia a respeito:

> *[...] O amor é uma paixão inata que tem origem na percepção da beleza do outro sexo e na obsessão por essa beleza, por cuja causa se deseja, sobre todas*

as coisas, possuir os abraços do outro e, nesses abraços, cumprir, de comum acordo, todos os mandamentos do amor. [...]

(Andreas Capellanus, op. cit., p. 5)

Uma das obras literárias mais famosas da Idade Média, escrita no século XIII, fazia aos enamorados as seguintes recomendações, que se ajustam ainda ao nosso tempo:

[...] Sê cortês e afável, de doces palavras sensatas tanto para os grandes como para os pequenos; pela rua acostuma-te a ser o primeiro a saudar às pessoas. Se alguém o faz primeiro, não mantenhas muda tua boca, procura responder a saudação sem demora. [...] Depois, procura não dizer palavras sujas e grosseiras: tua boca não deve abrir-se para dizer coisas vis. Não considero cortês quem menciona vulgaridades ou coisas feias. [...] O que queira dedicar-se ao amor deve comportar-se com elegância, pois senão de pouco valerá. A elegância não é igual ao orgulho: o que é elegante sem orgulho vale mais, senão é um louco presunçoso, Veste-te e calça-te bem, de acordo com tuas rendas; um vestido formoso e belos adornos constituem grandes vantagens [...]

(Guillaume de Lorris & Jean de Meun,
O livro da Rosa, p. 38.)

A teoria do amor cortês encontrou uma imensa ressonância na literatura provençal surgida no sul da França, onde se desenvolveu umas das culturas mais evoluídas da Europa ocidental, destruída como vimos na cruzada contra os albigenses. Essa literatura influenciou várias outras, entre elas a galego-portuguesa.

No galego-português, idioma comum falado na Galiza e no norte de Portugal – e que deu origem ao português –, foi escrita uma bela variada literatura do século XIII ao XIV. Entre seus inúmeros autores encontramos o rei português D. Dinis, que compôs esta linda cantiga de amigo (namorado):

Ai flores, ai flores do verde pino [pinho], / se sabedes novas do meu amigo! /
Ai Deus, e u é? [Ai Deus, onde está ele?]

Ai flores, ai flores do verde ramo, / se sabedes novas do meu amado! /

Ai Deus, e u é?

Se sabedes novas do meu amigo, / aquel que mentiu do que pos comigo! /
Ai Deus, e u é?

Se sabedes novas do meu amado, / aquel que mentiu do que mh a jurado! /
Ai Deus, e u é?
Vós me preguntades polo voss' amigo? / E eu bem vos digo que é san' e vivo./
Ai Deus, e u é?
Vós me preguntades polo voss' amado? / E eu bem vos digo que é viv' e sano.
/ Ai Deus, e u é?
E eu bem vos digo que é san' e vivo / e será vosc' ant' o prazo saído. /
Ai Deus, e u é?
E eu bem vos digo que é viv' e sano / e seerá vosc' ant' o prazo passado. /
Ai Deus, e u é?

(Apud J.J. Nunes, op. cit., p. 19-20)

O rei Afonso X, o Sábio, compondo na sua corte. Cantigas de Santa Maria, iluminura do século XIII. Biblioteca do El Real Sítio de San Lorenzo de El Escorial, Espanha.

O rei Afonso X, o Sábio, compondo na sua corte.

Durante o século XIII a própria redação da documentação oficial dos diversos reinos passou a ser feita nos idiomas românicos, como aconteceu no reinado do rei D. Afonso, o Sábio, de Castela, e no de D. Dinis de Portugal. O documento mais antigo que se conhece em português é um auto de partilhas, datado de 1192, no qual se faz a divisão da herança recebida por alguns irmãos. O texto, que naturalmente oferece dificuldade para ser compreendido por um leitor contemporâneo, serve só para uma aproximação ao idioma daquela época:

In Christi nomine amen. Hec est notitia *de partiçon e de devison que fazemos antre dos herdamentus e dus coutos e das onrras e dos padruadigos das eygreygas que forum de nossu padre e de nossa madre en esta maneira: que*

Rodrigo Sanchiz ficar por as partiçon na quinta do couto de Víiturio [hoje Vitorinho, no concelho de Barcelos] e na quinta do padroadigo dessa eygreyga, em todolus herdamentos do couto e de fora do couto; Váásco Sanchiz ficar por sa partiçon na onrra d'Ulveira e no padroadigo dessa eygreyga, en todolos herdamentos d'Olveira e en úú casal de Carapezus que chaman da Ulvar e en outro casal en Agiar, que chamam Quintáá; [...]

(Manuel Rodrigues Lapa, *Crestomatia arcaica*, p. 18-9.)

Como pudemos ver, a cultura da Baixa Idade Média é diversificada e criativa e alcançou níveis sofisticados em algumas áreas, como literatura, arquitetura, filosofia e ensino. Com isso esperamos ter demostrado que não se justifica o preconceito dos sábios renascentistas, e aceito ainda por muitas pessoas, de que a Idade Média teria sido uma época de trevas e ignorância.

CAPÍTULO 7

Época de crise

Nos séculos XIV e XV ocorreu uma crise na sociedade feudal, na qual se deu uma diminuição do crescimento econômico que tinha sido constante desde o final do século X. No setor agrícola interrompeu-se o movimento das roturações, chegando-se mesmo ao abandono de algumas terras já conquistadas, seja por não serem afinal tão férteis, seja pelo alto custo em explorá-las. Surgiu também nesse período um fenômeno muito difundido pela geografia europeia, o do abandono de inúmeras aldeias. Em algumas regiões, como na Inglaterra, algumas comunidades rurais reduziram as áreas de uso comum, como os bosques, devido ao surgimento dos "campos fechados" patrocinados pelos ricos proprietários para criação de ovelhas. Sendo assim, várias terras utilizadas pela agricultura transformaram-se em pastos, diminuindo a produção de alimentos.

A peste negra

Nas duas primeiras décadas do século XIV a conjunção de chuvas torrenciais e de más colheitas inaugurou um período de fome que atingiu quase toda a Europa, preparando terreno para o grande flagelo da peste negra de 1348-1350. Essa epidemia de peste bubônica encontrou campo propício para sua difusão na pobre, faminta e enferma população, causando a mortalidade de aproximadamente um terço dela. As narrativas da peste são dramáticas, como nesta de um cidadão de Siena:

[...] Pai abandonava filho, esposa abandonava marido, irmão abandonava o outro; porque a enfermidade parecia atacar através da respiração e da visão. E assim eles morriam. Ninguém pode ser encontrado para enterrar os mortos por dinheiro ou por amizade. Os membros de uma família traziam seu morto para o fosso da melhor maneira que podiam, sem sacerdotes, sem ofícios divinos. Nem o sino [dos mortos] tocava. E em vários locais de Siena grandes valas foram cavadas, onde eram empilhadas grande quantidade de cadáveres [...] E eu, Agnolo di Tura, chamado o Gordo, enterrei meus cinco filhos com minhas próprias mãos. Houve também muitos cadáveres que foram tão mal cobertos de terra que eram arrastados para fora e devorados pelos cães, por todas as partes da cidade. [...]

(Agnolo di Tura, apud William Bowsky, *Social and economic foundations of the Italian Renaissance*, p. 32.)

O célebre escritor florentino Giovanni Boccacio descreve assim os sintomas da enfermidade:

[...] A peste, em Florença, não teve o mesmo comportamento que no Oriente. Neste, quando o sangue saía pelo nariz, fosse de quem fosse, era sinal evidente de morte inevitável. Em Florença, apareciam no começo, tanto no homem como nas mulheres, ou na virilha ou na axila, algumas inchações. Algumas destas cresciam como maçãs; outras, como um ovo; cresciam umas mais, outras menos; chamava-as o populacho de bubões. Dessas duas referidas partes do corpo logo o tal tumor mortal passava a repontar e a surgir por toda parte [...]

(*Decamerão I*, p. 12.)

Declínio demográfico

Uma das consequências da peste foi o despovoamento dos campos e das cidades, acarretando uma grave crise da mão de obra, que passou a cobrar mais pelo seu trabalho, havendo também um aumento vertiginoso do preço dos alimentos. Para fazer frente a esse problema, alguns governos tentaram criar uma legislação repressiva, o que veio a agravar ainda mais a crise. Como exemplo, temos o "Estatuto dos Trabalhadores", promulgado em 1351 pelo rei da Inglaterra:

[...] Dado que grande parte do povo e especialmente dos trabalhadores e servidores, morreu ultimamente da peste e muitos, vendo as necessidades dos senhores e a grande escassez de serviçais, não querem servir sem receber salário excessivos, preferindo outros mendigar no ócio a ganhar a sua vida pelo trabalho; [...] ordenamos: Que cada homem e mulher do nosso reino de Inglaterra, de qualquer condição que seja, livre ou servo, [...] levará apenas o soldo, pagamento, remuneração ou salário que era costume serem dados nos locais onde era obrigado a servir no vigésimo ano [1347] do nosso reinado [...]

(*Estatutos do reino*, apud F. Espinosa, op. cit., p. 331.)

Mas, além dos servos e camponeses, os ofícios urbanos foram também penalizados pela mesma lei, conforme a descrição seguinte:

[...] Também os seleiros, os peleteiros, os curtidores, os sapateiros, os alfaiates, os ferreiros, os carpinteiros, os pedreiros, os oleiros, os calafates, os carroceiros e todos os outros artífices e trabalhadores não levarão pelo seu trabalho e artesanato mais do que o mesmo que era costume ser pago a tais pessoas no dito vigésimo ano [...]

(Idem, ibidem, p. 331.)

Conflitos nas cidades e nos campos

Como consequência dessa crise econômica, tanto rural quanto urbana, eclodiram a partir da segunda metade do século XIV graves conflitos sociais no campo e nas cidades de quase toda a Europa. Um dos conflitos camponeses mais conhecidos foi a *Jacquerie*, ocorrida na França em 1358, como podemos ver na crônica seguinte:

[...] Neste tempo revoltaram-se os Jacques em Beauvoisin, e começaram a ir em direção de Saint-Leu e de Clermont no Beauvoisin. [...] E quando os Jacques se viram em grande número, perseguiram os homens nobres, mataram vários e ainda fizeram pior, como gente tresloucada, fora de si e de baixa condição. Na realidade, mataram muitas mulheres e crianças nobres, pelo que Guilherme Carlos [seu líder] lhes disse muitas vezes que se excediam demasiadamente; mas nem por isso deixaram de o fazer. [...]

(*Crônicas dos quatro primeiros Valois, 1327-1393*, apud F. Espinosa, op. cit., p. 332-3.)

Um dos líderes da grande revolta camponesa de 1381, da Inglaterra, tinha clara consciência da exploração de que eram vítimas e perguntava com razão:

> *[...] Quando Adão cultivava a terra e Eva fiava, onde estava o senhor? [...]*
>
> (Sermão atribuído a John Ball.)

Nesta crônica anônima encontramos referências a John Ball, que era um pároco, demostrando que a revolta teve também um forte componente anticleral:

> *[...] Neste tempo o povo tinha como conselheiro um capelão de mau caráter chamado John Ball, que lhe recomendou livrar-se de todos os senhores, arcebispos, bispos, abades, priores e da maioria dos monges e clérigos, dizendo que não deveria haver nenhum bispo na Inglaterra, mas apenas um arcebispo, ele mesmo, e que exceto em duas casas não deveria haver mais monges ou clérigos, e que todas suas propriedades fossem distribuídas entre os leigos. Por essas ideias era estimado pelo povo como um profeta e trabalhava com ele dia e noite fortalecendo-o com sua malícia – mas ele teve uma recompensa apropriada, pois foi enforcado, arrastado, esquartejado e degolado como traidor. [...]*
>
> (*Crônica anônima,* apud J.B. Ross & M.M. McLaughlin, op. cit., p. 180.)

A queda das atividades comerciais e manufatureiras nos centros urbanos e as flutuações monetárias ocorridas desde o final do século XIII, já que a quantidade de moeda disponível no Ocidente não era suficiente para atender às necessidades da economia, provocaram também uma série de conflitos nas cidades.

Por outro lado, o fortalecimento das monarquias e da liderança política de algumas cidades levou os governos a aumentar os impostos para fazer frente aos enormes gastos com o exército e a burocracia, prejudicando os interesses das classes populares. Tal contexto explica, portanto, a pobreza e a insatisfação das populações urbanas, levando-as a se rebelarem. Como exemplo temos a Revolta dos Ciompi (cardadores de lã), ocorrida em Florença entre 1378 e 1382:

> *[...] Em 1378, depois de ter sido feita a paz com o papa Gregório, irromperam distúrbios entre a população florentina. Os trabalhadores*

ignorantes queimaram e saquearam uma quantidade de casas, expulsaram os priores [dirigentes das corporações] do palácio comunal e com eles Luigi Guicciardini, que era gonfaloneiro da Justiça [defensor do governo comunal] nessa altura. [...]

(*O diário de Buonaccorso Pitti*, apud F. Espinosa, op. cit., p.333.)

Conexão Editorial

O Ocidente no início do século XIV. (Fonte: J. Le Goff, A civilização do Ocidente medieval, *I.)*

Declínio do conhecimento

A curiosidade e o debate científico característicos dos séculos XII e XIII sofreram um processo de descontinuidade nas últimas décadas deste último, com a teologia impedindo os avanços das demais ciências. Como podemos apreciar na condenação de algumas proposições e teorias pelo bispo de Paris, Esteban Tempier, em 1277, havia uma controvérsia eminentemente naturalista e contrária à doutrina da Igreja entre os intelectuais. A condenação recaiu sobre as seguintes proposições, entre inúmeras outras:

> *[...]152. Que a teologia se funda em fábulas. 155. Que não há que se preocupar com a sepultura. 169. Que a abstinência total da ação carnal corrompe a virtude e a espécie. 174. Que a lei cristã tem suas fábulas e seus erros como as demais religiões. 176. Que a felicidade se encontra nessa vida e não na outra. 178. Que a ressurreição futura não tenha que ser admitida pela filosofia, porque é impossível examinar o assunto racionalmente. 175. Que a lei cristã é um obstáculo para a ciência. [...]*
>
> (Esteban Tempier. *Sílabo*, apud Jacques Le Goff, *La Baja Edad Media*, p. 270.)

Com a sistematização do pensamento escolástico no século XIII, através da obra de Tomás de Aquino, e com a elaboração de algumas enciclopédias e obras de referência obrigatória, o conhecimento ficou cristalizado, o que prejudicou sua evolução.

O papado em Avignon e o cisma* na direção da Igreja

No final do século XIII e início do seguinte eclodiu um novo conflito entre Estado e Igreja, desta vez entre o rei francês Felipe IV e o papa Bonifácio VIII, em torno da proibição do monarca de sair dinheiro do país. Ameaçado em seus interesses, o papa replicou com algumas bulas*, enfatizando seu poder temporal, mas no final foi vencido pelo rei. Ocorreu então o deslocamento do governo da Igreja de Roma para a cidade francesa de Avignon, onde permaneceu de 1305 a 1378. Com isso a igreja perdeu seu poder internacional e grande parte do prestígio que desfrutava entre a população europeia.

Mas se o regresso do papado para Roma em 1378 representou uma vitória, um outro episódio veio abalar seriamente a sua estrutura. Poucos meses depois do regresso, surgiu um cisma, com a eleição de outro papa em Avignon, levando a que na direção da cristandade ocorresse o inusitado fato de haver dois pontífices. Após anos de disputas e tentativas para restabelecer a ordem, a cúpula da Igreja, reunida em Pisa em 1409, depôs os dois papas e elegeu um terceiro para substituí-los.

Como os pontífices depostos não aceitaram a decisão, passaram a existir três papas: Bento III de Avignon, João XXIII de Pisa e Gregório XII de Roma. Tal aberração contribuiu ainda mais para diminuir o prestígio do papado e alterar as estruturas da Igreja. Somente em 1417, e com forte pressão dos monarcas europeus, foi resolvido o impasse, com a eleição de Martinho V como único e legítimo papa, como podemos ver nesta crônica da época:

> *[...] Item, nesse tempo [1417], por determinação do santo Concílio de Constança, quatro nações, a saber, a Itália, a França, a Inglaterra e a Alemanha, elegeram seis homens notáveis de cada uma, os quais entraram com todos os cardeais da corte de Roma em conclave, para eleger o papa [...] E pela graça do Espírito Santo, segundo se crê de comum acordo, elegeram papa o cardeal da Coluna, natural de Roma [...]*
>
> (*A crônica de Enguerran de Monstrelet*, apud F. Espinosa, op. cit., p. 341.)

A crise do final da Idade Média representou um profundo golpe na estrutura da sociedade feudal. Em termos econômicos, significou a perda de hegemonia de alguns centros em detrimento de outras, que passaram a dominar o panorama europeu e mundial, após a expansão marítima. Politicamente deu-se a centralização e o fortalecimento de alguns Estados, diminuindo a força que detinham até então os senhores feudais. A crise serviu, portanto, como impulso para as imensas transformações que deram nascimento ao mundo moderno.

VOCABULÁRIO

ARCOBOTANTE — Peças construídas em forma de arcos, na parte externa das igrejas, para auxiliar a sustentação do edifício.
BULA — Documento pontifical de caráter muito solene.
CAPITEL — Parte superior de uma coluna.
CISMA — Divisão dentro da Igreja; dissidência de opiniões.
COLÔNIA — Extensão de terra possuída por um colono.
DECRETAL — Antiga carta ou constituição pontifícia.
DIREITO CANÔNICO — Estabelece a ordem jurídica da Igreja católica.
ESTERLINO — Moeda inglesa.
ILUMINURA — Pequenas pinturas feitas nos livros manuscritos.
LANGUEDOC (LANGUE D`OC) — Língua falada no sul da França e, por extensão, a cultura dessa região.
LIBRA — Medida de massa inglesa que variava de 380 a 550 g.
MANIQUEÍSTA — Doutrina que se funda em princípios opostos — bem e mal.
MARAVEDI — Moeda de origem muçulmana utilizada na Espanha.
MARCO — Moeda alemã.
NAVE — Espaço da igreja que fica entre as fileiras de colunas que sustentam a abóbada e também o espaço que vai da entrada até o altar.
ORDEM MENDICANTE — Ordem monástica que vivia da caridade pública.
POUSIO — Extensão de terra cuja cultura foi interrompida para recuperar a fertilidade.
PREBENDA — Rendimento recebido por um clérigo.
PROFANO — Que não pertence à religião, oposto ao sagrado.
PROVENÇAL — Original da Provença, região do sudeste da França.
ROMARIA — Peregrinação de devotos e um local religioso.
ROSÁCEA — Vitral semelhante a uma rosa.
ROTURAÇÃO — Processo de exploração e ocupação de novas terras para a agricultura.
SENHORIA — Propriedade do senhor feudal.
SOLDO — Antiga moeda francesa.
TEMPLÁRIO — Ordem de monges cavaleiros fundada em Jerusalém para auxiliar os cruzados e que se tornou muito rica.
VILÃO — Habitante de uma vila, camponês.

CRONOLOGIA

910 Fundação da abadia de Cluny.
950 Início das grandes roturações.
992 Primeiro tratado de comércio entre Bizâncio e Veneza.
1000 União do feudo à vassalagem.
1020 Guido d'Arezzo inventa uma nova notação musical.
1030 Início do movimento comunal na Itália
1044 Levantamento dos burgueses de Milão.
1066 Conquista da Inglaterra pelos normandos.
1074 Decreto de Gregório VII condenando a simonia, o nicolaísmo e a investidura laica.
1075 Declínio do poder real e ascensão do feudalismo na Alemanha.
1085 Conquista de Toledo por Afonso VI, de Castela.
1095 Urbano II prega em Clermont a I Cruzada.
1100 Difusão das doutrinas cátaras na Itália e no sul da França.
1112 Revolta comunal em Laon, onde o bispo é morto.
1140 Nesta época é escrito o Decreto de Graciano, base do direito canônico.
1150 Por volta deste ano ocorre a organização da Universidade de Paris.
1155 Adriano IV proclama o direito de os servos casarem livremente.
1163 Alexandre III proíbe os monges de estudar medicina e direito.
1173 Início da heresia dos valdenses.
1180 Por volta deste ano surge o moinho de vento na Normandia e na Inglaterra.
1204 Os cruzados conquistam Constantinopla.
1207 S. Domingos prega na região dos albigenses.
1209 Fundação da primeira comunidade franciscana.
1214 Primeiros privilégios à Universidade de Oxford.
1227 O Concílio de Trier renova a proibição dos empréstimos a juros.

1229 Fundação da Universidade de Toulouse para combater as heresias.
1240 A burguesia comercial toma o poder em Siena.
1240 A *Ética* de Aristóteles é traduzida por Robert Grosseteste.
1244 Os cruzados perdem definitivamente Jerusalém.
1252 Surge o florim (moeda de ouro) em Gênova e Florença.
1252 Incêndio IV autoriza o uso da tortura pela Inquisição.
1260 A partir deste ano torna-se corrente o moinho de vento.
1280 Greves e tumultos urbanos em várias cidades flamengas e francesas.
1284 O ducado de ouro passa a ser cunhado a ser cunhado em Veneza.
1284 As feiras de Champagne passam a ser dominadas pelo rei da França.
1302 Primeira reunião dos Estados Gerais em Paris.
1309 O papado instala-se em Avignon.
1315-1317 Grande fome no Ocidente.
1348-1350 Peste negra.
1358 A Jacquerie (revolta dos camponeses franceses).
1378 Revolta dos Ciompi em Florença.
1378-1417 Grande Cisma do Ocidente.
1381 Revolta inglesa dos camponeses liberada por Wat Tyler.
1453 Fim da Guerra dos Cem Anos entre Inglaterra e França.
1453 Conquista de Constantinopla pelos turcos.

PARA SABER MAIS

• Uma obra de consulta para os mais diversos temas pode ser o *Dicionário da Idade Média*, organizado por Henry Lonyn (Rio de Janeiro, Jorge Zahar Editor, 1990).

• O livro de Geneviève D'Haucourt, *A vida na Idade Média* (Lisboa, Livros do Brasil), oferece maiores detalhes sobre o cotidiano das populações medievais.

• Para conhecer as técnicas utilizadas pelos construtores, veja as obras de David Macaulay, *A construção de um castelo* e *A construção de uma catedral* (São Paulo, Editora Martins Fontes).

• Sobre a música religiosa da época – o canto gregoriano ou cantochão –, ouça um dos vários discos existentes no mercado, prestando atenção ao ritmo e à entoação dos cantores.

• Para ter uma ideia da vida num mosteiro, veja o filme *O nome da rosa*. É um dos melhores sobre a Idade Média e trata dos temas cultura, literatura, religião, heresia e inquisição.

• Uma sátira divertida sobre a atividade guerreira do período pode ser vista no filme *O incrível exército de Brancaleone*.

BIBLIOGRAFIA

DUBY, Georges. *Europa en la Edad Media*. Barcelona: Paidós Ibérica, 1986.

ESPINOSA, Fernanda. *Antologia de textos históricos medievais*. Lisboa: Sá da Costa, 1971.

FOSSIER, Robert. *La Edad Media*. Barcelona: Editorial Crítica, 1988.

_____. *La infancia de Europa:* aspectos económicos y sociales. Barcelona: Labor, 1984.

GANSHOP, François-Louis. *Que é o feudalismo*? Lisboa: Europa-América, s.d.

GOFF, Jacques Le, *A civilização do Ocidente medieval*, II. Lisboa: Estampa, 1984.

_____. *La Baja Edad Media*. Madrid: Siglo XXI, 1986.

_____. *Os intelectuais da Idade Média*. São Paulo: Brasiliense, 1988.

HERLIHY, David. *The history of feudalism*. New York: Walker & Company, 1971.

LOPEZ, Robert S. *A revolução comercial da Idade Média* (950-1350). Lisboa: Presença, 1980.

_____ ; RAYMOND, Irving W. *Medieval trade in the Mediterranean world*. New York: W. W. Norton & Company, s.d.

MUNDY, John H. *Europe in the High Middle Ages*, 1150-1309. New York: Basic Books, 1973.

PIRENNE, Henri. *As cidades da Idade Média*. Lisboa: Europa-América, 1973.

ROMANO, Ruggiero; TENENTI, Alberto. *Los fundamentos del mundo moderno*. Madrid: Siglo XXI, 1983.

O autor

Marco Antônio de Oliveira Pais graduou-se em História na Universidade de Brasília e realizou seu mestrado nos Estados Unidos, na Rutgers University. Em 1991, doutorou-se na Universidade de Santiago de Compostela, na Espanha, com a tese "Sátira e crítica no cancioneiro medieval galego-português". Foi professor do Departamento de História da Universidade Federal de Pernambuco e da Universidade Federal de Minas Gerais. O pesquisador faleceu em 2001, deixando diversos estudos de história medieval, principalmente nas áreas de cultura e sociedade.

Outros títulos da coleção História Geral em Documentos

A FORMAÇÃO DA EUROPA: A ALTA IDADE MÉDIA
Marco Antônio de Oliveira Pais

RENASCIMENTO E HUMANISMO: O HOMEM E O MUNDO EUROPEU DO SÉCULO XIV AO SÉCULO XVI
Teresa Van Acker

ROMA: VIDA PÚBLICA E VIDA PRIVADA
Pedro Paulo Funari

A PRIMEIRA GRANDE GUERRA: O CONFRONTO DE IMPERIALISMOS
Maria de Lourdes Mônaco Janot

A SEGUNDA GRANDE GUERRA: DO NAZI-FASCISMO À GUERRA FRIA
Luiz Arnaut e Rodrigo P. Sá Motta

COLOMBO E A AMÉRICA: QUINHENTOS ANOS DEPOIS
Janaína Amado e Luiz Carlos Figueiredo

OS POVOS DA AMÉRICA: DOS PRIMEIROS HABITANTES ÀS PRIMEIRAS CIVILIZAÇÕES URBANAS
Ana Maria Bergamin Neves e Flávia Ricca Humberg

DA REFORMA À CONTRA-REFORMA: O CRISTIANISMO EM CRISE
Fernando Seffner

ÀS ARMAS, CIDADÃOS! A FRANÇA REVOLUCIONÁRIA (1789-1799)
Nilse Wink Ostermann e Iole Carreta Kunze

GRÉCIA: A VIDA COTIDIANA NA CIDADE-ESTADO
Teresa Van Acker